Richard Schröder

Glaube und Aberglaube in den altfranzösischen Dichtungen

Richard Schröder

Glaube und Aberglaube in den altfranzösischen Dichtungen

ISBN/EAN: 9783743497566

Hergestellt in Europa, USA, Kanada, Australien, Japan

Cover: Foto ©ninafisch / pixelio.de

Weitere Bücher finden Sie auf **www.hansebooks.com**

Glaube und Aberglaube

in den

altfranzösischen Dichtungen.

Inaugural-Dissertation

zur

Erlangung der philosophischen Doktorwürde

an der

Georg-Augusts-Universität zu Göttingen

von

Richard Schröder

aus Hamburg.

Hannover.

Druck der Schlüterschen Buchdruckerei.

1886.

Seinen Eltern

in

kindlicher Liebe und Dankbarkeit

gewidmet

vom

Verfasser.

Inhalt.

Die Gesamtausgabe ist gleichzeitig erschienen im Verlage von
Andreas Deichert, Erlangen.

Der Versuch einer einheitlichen Darstellung der gesamten religiösen Anschauungen des französischen Volkes zur Zeit seiner literarischen Glanzperiode im XII. und XIII. Jahrhundert ist, soviel mir bekannt, bisher noch nicht unternommen. Vereinzeltes findet sich zwar in Michelet's Origines du droit français (Paris 1837), anderes bei Schultz in seinem Buche Das Höfische Leben zur Zeit der Minnesinger (Leipzig 1879/80) oder in kleineren Monographien versteckt. Michelet schöpfte indessen seinen Stoff nicht direkt aus den Dichtungen des Volkes, seine Quellen sind ausschließlich gelehrten Ursprungs und Schultz hatte in erster Linie die Verhältnisse des deutschen Mittelalters im Auge; aber auch auf diesem Gebiete fehlen Darstellungen über Religion und Aberglauben fast ganz. Ursprünglich beabsichtigte ich in der vorliegenden Arbeit eine Darstellung des gesamten Glaubens und Aberglaubens, sowie der kirchlichen Ritualien des XII. und XIII. Jahrhunderts in Frankreich zu geben und habe auch das dazu nötige Material gesammelt, allein bei der Ausarbeitung der Kapitel über die kirchlichen Ceremonien stieß ich auf Schwierigkeiten, deren Überwindung nur durch ein eingehendes Studium der katholischen Glaubens- und Sittenlehre jener Zeit möglich gewesen wäre. Eine solche Arbeit hätte indessen den Rahmen dieser Abhandlung bedeutend überschritten und so beschloß ich von einer Behandlung des kirchlichen Ritus einstweilen Abstand zu nehmen und mir die Veröffentlichung dieses Stoffes für später vorzubehalten. Beschränkt wurde meine Arbeit ferner durch die demnächst erscheinenden marburger Dissertationen von Keutel: Die höheren Wesen in den altfranz. Ritterromanen, und Kähler: Über den Clerus in den altfranz. Karlsepen.

Im Anhange gebe ich eine ausführliche Abhandlung über das Gottesurteil im Anschluß und zur Ergänzung von Schultz II 133 ff. und ferner eine Darstellung des mohammedanischen Glaubens, wie solcher uns in den französischen Dichtungen jener Zeit entgegentritt.

Die Citate sind, wo es irgend möglich war, so geordnet, daß die volkstümlichen Dichtungen den gelehrten vorangestellt sind. Wo die Fülle der Belege eine Anführung in extenso nicht gestattete, gab ich die Stellen der weniger prägnanten in den Anmerkungen.

1

Als theologische Beihülfe benutzte ich die Werke von

Binterim: Denkwürdigkeiten der Christ-kathol. Kirche. 14 Bde. Mainz 1825 ff.

Moroni: Dizionario di Erudizione storico-ecclesiastica. Venezia 1840—1879.

Herzog u. Plitt: Real-Encyclopädie für Protestantische Theologie und Kirche[2]. Leipzig 1878 ff.

Meine altfranzösischen Quellen sind folgende:

1. **Aim.** Aimeri de Narbonne p. p. G. Paris: Romania IX 515.
2. **Aiol.** Aiol et Mirabel hgg. v. W. Foerster. Heilbronn 1876.
3. **Alesch.** Bataille d'Aleschans in Jonckbloet's Guillaume d'Orange Teil V. La Haye 1854.
4. **Alexis.** Vie de Saint Alexis p. p. G. Paris et L. Pannier. Paris 1872.
5. **Alex.** Alexanderfragment hgg. v. Paul Heyse: Romanische Inedita. Berlin 1856.
6. **Alix.** Li Romans d'Alixandre par Lambert li Tors etc. hgg. von H. Michelant in der Bibl. des Lit. Ver. zu Stuttgart. Bd. XIII. 1846.
7. **Ant.** Chanson d'Antioche p. p. Paulin Paris: Romans des XII pairs. Bd. 11. 12. Paris 1848.
8. **A. u. A.** Amis und Amiles hgg. v. K. Hofmann[2]. Erlangen 1882.
9. **Atr. per.** Li Atres perillous in Herrig's Archiv XLII 135.
10. **Auc.** Aucassin et Nicolete hgg. v. H. Suchier[2]. Paderborn 1882.
11. **Aquin.** Roman d'Aquin ou la conqueste de Bretaigne p. p. Jotion des Longrais. Nantes 1880.
    Asp. R. s. u. Romvart.
    Aub. R. s. u. Romvart.
12. **Aye.** Aye d'Avignon p. p. Guessard et Paul Meyer: Anc. Poëtes. Bd. VI. Paris 1861.
    Ball. R. s. u. Romvart.
13. **Berte.** Berte aus grans piés par Adenés li Rois p. p. A. Scheler. Bruxelles 1874.
14. **Brand.** Les voyages merveilleux de St. Brandan p. p. Fr. Michel. Paris 1878.
15. **Brun.** Brun de la Montagne p. p. P. Meyer: Soc. d. anc. textes fr. Paris 1875.
16. **Buev.** Bueves de Commarchis par Adenés li Rois p. p. A. Scheler. Bruxelles 1874.
17. **Chanc. Ph.** Le Chancelier Philippe par Henri d'Andeli p. p. P. Meyer: Romania I 190.
18. **Charrette.** Chavalier de la Charrette par Chr. de Troyes et Godefroy de Laigny p. p. Tarbé. Rheims 1849.
19. **ChDCl.** Romanz de un chivaler et de sa dame et de un clerk p. p. P. Meyer: Romania I 69.
20. **ChCygne.** Le Chevalier au Cygne p. p. de Reiffenberg: Monuments pour servir à l'histoire de Namurs. Bd. VI.
21. **Charr. N.** Li Charrois de Nymes in Jonckbloet's Guillaume d'Orange. Teil II. La Haye 1854.
    Charl. R. s. u. Romvart.
22. **Ch. II esp.** Li Chevaliers as deus espees hgg. v. W. Foerster. Halle 1877.

23. **ChLyon.** Li romans dou Chevalier au Lyon von Chr. de Troies hgg. v. Holland². Hannover 1880.
ChND. R. s. u. Romvart.
24. **Cliges.** Cliges von Christian v. Troyes hgg. v. W. Foerster. Halle 1884.
25. **Coincy.** Miracles de la Ste-Vierge, traduits et mis en vers par Gautier de Coincy p. p. Poquet. Paris 1857.
26. **Cor. L.** Li Coronemens Looys in Jonckbloet's Guillaume d'Orange. Teil I. La Haye 1854.
27. **Coust.** Dit de l'Empereur Coustant p. p. Wesselofsky: Romania VI 161.
28. **Cov. Vic.** Li Covenans Vivien in Jonckbloet's Guillaume d'Orange. Teil IV. La Haye 1854.
29. **Crois.** Récit de la première Croisade (fondé sur Baudry de Bourgueil) p. p. P. Meyer: Romania V 1.
30. **Destr.** Destruction de Rome p. p. Groeber: Romania II 1.
31. **Dime.** La Dime de Penitance par Jehan de Journi hgg. von Breymann: Bibl. d. Lit. Ver. zu Stuttgart. Bd. 120. 1874.
32. **Dol.** Dolopathos p. p. Brunet et Montaiglon. Paris 1856.
33. **DMay.** Doon de Mayence p. p. A. Pey: Anc. Poëtes. Bd. II. 1859.
Doon. s. u. Lais inédits. Nr. 68.
34. **Durm.** Durmars le Galois hgg. v. E. Stengel: Bibl. d. lit. Ver. Bd. 116. 1873.
35. **EEsp.** Entree en Espagne p. p. A. Thomas: Bibl. d. Ecoles franç. d'Athènes et de Rome. Fasc. 25.
36. **Elie.** Elie de St. Gille hgg. v. W. Foerster. Heilbronn 1876.
37. **EpSt-Est.** Epître farcie de St. Etienne hgg. v. G. Paris: Jahrb. IV 311.
38. **Erec.** Erec und Enide von Chr. de Troyes hgg. v. J. Bekker: Haupt's Zeitschrift. X. 1856.
39. **Eul.** Eulaliasequenz hgg. v. Foerster u. Koschwitz: Altfranz. Übungsb. I 45. 1884.
40. **Fier.** Fierabras. p. p. Kroeber et Servois: Anc. Poëtes IV. 1860.
41. **Fl. Bl.** Flore und Blancheflor hgg. v. Im. Bekker. Berlin 1844.
42. **Floov.** Floovant p. p. Michelant et Guessard: Anc. Poëtes. Bd. I. 1858.
43. **Flour.** Le Dit de Flourence de Romme p. p. Jubinal: Nouv. Recueil I 88. 1839.
44. **Foulq.** Foulques de Candie par Herbert Leduc de Dammartin p. p. Tarbé.
Fust R. s. u. Romvart.
45. **Garin.** Garin le Loherain p. p. P. Paris: Romans des XII pairs. Bd. 2. 3. Paris 1833—1835.
Gar. R. s. u. Romvart.
46. **Gaufr.** Gaufrey p. p. Guessard et Chabaille: Anc. Poëtes. Bd. III. 1859.
47. **Gayd.** Gaydon p. p. Guessard et S. Luce: Anc. Poëtes. Bd. VII. 1862.
48. **GBourg.** Gui de Bourgogne p. p. Guessard et Michelant: Anc. Poëtes. Bd. I. 1858.
49. **Gilles.** La vie de Saint Gilles par G. de Berneville p. p. G. Paris et A. Bos: Soc. d. anc. textes fr. Paris 1881.

50. **Girb.** Girbers de Metz par Jean de Flagy hgg. v. E. Stengel: Rom. Stud. I 441.
51. **GMar.** Guillaume le Maréchal p. p. P. Meyer: Romania XI 22.
52. **GNant.** Gui de Nanteuil p. p. P. Meyer: Anc. Poëtes. Bd. VI. 1861.
53. **Gorm.** Gormund und Isembard hgg. v. Dr. Heiligbrodt: Rom. Stud. III 501.
54. **GPal.** Guillaume de Palerne p. p. H. Michelant: Soc. d. anc. textes franç. 1876.
55. **Greg. I.** Vie de St. Grégoire le Grand p. p. A. de Montaiglon: Romania VIII 509.
56. **Greg. II.** Vie de St. Grégoire le Grand par Frère Angier p. p. P. Meyer: Romania XII 145.
57. **GRoss.** Gérard de Rossillon p. p. Fr. Michel. Paris 1856.
   Guerre R. s. u. Romvart.
   Guing. s. u. Lais inédits Nr. 69.
58. **HBord.** Huon von Bordeaux p. p. Guessard et Grandmaison: Anc. Poëtes. Bd. V. 1860.
59. **HCap.** Hugues Capet p. p. de la Grange: Anc. Poëtes VIII. 1864.
60. **Horn.** Horn et Rimenhild p. b. Fr. Michel. Paris 1845. (Bannatyne Club.)
61. **Hav.** Lai d'Havelok le Danois p. p. Fr. Michel. Paris 1833
62. **Jer.** La Conquete de Jerusalem par Le pélerin Richard p. p. Hippeau. Paris 1868.
63. **Joies N-D.** Les Jois Nostre Dame par Guillaume le Clerc de Normendie hgg. v. Reinsch: Groebers Zeitschr. III 200.
64. **Joufr.** Joufrois hgg. v. Hofmann und Muncker. Halle 1880.
65. **Jourd.** Jourdain de Blaivies hgg. v. K. Hofmann². Erlangen 1882.
66. **Judenk.** Der Judenknabe hgg. v. E. Wolter: Bibl. normannica. Bd. II. Halle 1879.
67. **Karls R.** Karls Reise nach Jerusalem und Konstantinopel hgg. v. Koschwitz. Heilbronn ² 1883.
68. **Lap.** Les Lapidaires des XIIe, XIIIe et XIVe siècles p. p. L. Pannier: Bibl. de l'Ecole des Hautes Etudes. Bd. 52. Paris 1882.
69. — — Lais inédits p. p. G. Paris: Romania VIII 29.
   - a) **Tyol.** Tyolet.   d) **Lech.** Le Lecheor.
   - b) **Guing.** Guingamor.   e) **Tyd.** Tydorel.
   - c) **Doon.** Doon.
70. **Lais.** Lais inédits des XIIe et XIIIe siècles p. p. Fr. Michel. Paris 1836.
   Lech. s. u. Lais inédits Nr. 69.
71. **Leod.** La Vie de Saint Léger p. p. G. Paris: Romania I 273.
72. **LRarr.** Livre de la Loi au Sarrazin par Raymond Lull p. p. Reinaud et Fr. Michel. Paris 1831.
73. **Mac.** Macaire p. p. F. Guessard: Anc. Poëtes. Band IX. Paris 1864.
74. **Magd.** Magdalenenlegende v. Guillaume, le Clerc de Normandie hgg. v. Ad. Schmidt: Rom. Stud. IV 493.
75. **Mah.** Roman de Mahomet par Alexandre du Pont p. p. Reinaud et Fr. Michel. Paris 1831.

76. **Main.** Mainet, Fragment d'une chanson de geste du XIIe s. p. p. G. Paris: Romania IV 305.
77. **Marg.** La Vie de Sainte Marguerite par Wace p. p. Joly: Mém. de la société des Antiquaires de Normandie Sér. III vol. X 173.
78. **MsCambr.** Les Manuscrits franç. de Cambridge p. p. P. Meyer: Romania VIII 305.
Mar. R. s. u. Romvart.
79. **MBr.** Münchener Brut hgg. v. Hofmann und Vollmöller. Halle 1877.
80. **MGar.** La Mort de Garin le Loherain p. p. E. du Méril: Romans des XII pairs. Bd. X. 1846.
81. **MGuill.** Li Moniages Guillaume hgg. v. K. Hofmann: Abhdl. der Bayr. Acad. der Wissensch. Bd. VI. 1850.
82. **MirN-D.** Miracles de Notre-Dame de Chartres par Jehan le Marchant p. p. G. Duplessis. Chartres 1855.
83. **MirSard.** Le Miracle de Sardenai p. p. G. Raynaud: Romania XI 519.
84. **MsBourg.** Manuscrit Bourguignon p. p. P. Meyer: Romania VI 1.
85. **MStMich.** Le Roman du Mont-Saint-Michel par Guill. de Saint-Pair p. p. Fr. Michel. Caen 1856.
86. **Oct.** Octavian hgg. v. K. Vollmöller: Altfranz. Bibl. Bd. III. 1883.
87. **Og.** Chevalerie Ogier de Danemarche par Raimbert de Paris p. p. J. Barrois: Rom. des XII pairs Bd. 8. 9. Paris 1842.
88. **Ot.** Otinel. p. p. Guessard et Michelant: Anc. Poëtes. Bd. I. 1858.
89. **Pamp.** La Prise de Pampelune hgg. v. A. Mussafia. Wien 1864.
90. **Par.** Parise la Duchesse p. p. Guessard et Larchey: Anc. Poëtes. Bd. IV. 1860.
91. **Part.** Partenopeus de Blois p. p. G. A. Crapelet. 2 Bde. Paris 1834.
92. **Pass. I.** Passion Christi hgg. v. Diez: 2 altrom. Gedichte. Bonn 1876.
93. **Pass. II.** Passion du Christ par Nicholais Veronois p. p. A. Thomas: Bibl. des Ecoles franç. d'Athènes et de Rome. Bd. 25. S. 23 ff.
94. **Perc.** Perceval le Gallois ou le conte du Graal p. p. Ch. Potvin. Mons 1866—70.
95. **Poire.** Li Romanz de la Poire par Messire Thibaut hgg. v. Stehlich. Halle 1881.
96. **Pr. Or.** La Prise d'Orenge in Jonckbloet's Guillaume d'Orange Teil III. La Haye 1854.
97. **Raoul.** Raoul de Cambrai p. p. Ed. le Glay: Rom. des XII pairs. Bd. VII. 1840. ¹)
98. **Reimpr.** Reimpredigt hgg. v. H. Suchier: Bibl. norm. I. Halle 1879.

---

1) Da mir die Ausg. von Paul Meyer und A. Longnon in der Soc. d. anc. textes franç. Paris 1882 erst während des Druckes meiner Abhandlung zugänglich wurde, so habe ich zwar den Text dieser Ausgabe verwendet, die Verszählung hingegen nach der obigen Ausg. v. Eb. le Glay beibehalten.

99. **Ren. Mont.** Renaus de Montauban hgg. v. Michelant: Bibl. d. lit. Ver. Bd. 67. 1862.

100. **Rich.** Richars li Biaus hgg. v. W. Foerster. Wien 1874.

101. **Rol.** La chanson de Roland hgg. v. Th. Müller[2]. 1878.

102. — — Romvart hgg. v. A. Keller. Mannheim 1844. Enthaltend:

    a) **Aspr. R.** Romans d'Aspremont.
    b) **Aub. R.** Auberis li Borgignons.
    c) **Ball R.** XII Ballades de Pasques.
    d) **Charl. R.** Charlemagne et ses pairs.
    e) **ChN-DR.** Chanson de Notre Dame.
    f) **Fust. R.** Le Cheval de Fust.
    g) **Gar. R.** Garin de Montglauue.
    h) **Guerre. R.** La Guerre sainte.
    i) **Mar. R.** La Vie saincte Marine.

103. **Rou.** Roman de Rou par Wace hgg. v. H. Andresen. 2 Bde. Heilbronn 1877—79.

104. **SSages.** Romans des sept Sages hgg. v. A. Keller. Tübingen 1836.

105. **Sax.** La Chanson des Saxons p. p. Fr. Michel: Rom. des XII pairs. Bd. 5. 6. Paris 1839.

106. **StJBd'or.** La Vie de St. Johan Bouche d'or p. p. A. Weber: Romania VI 330.

107. **Theoph.** La Priere Theophilus hgg. v. A. Scheler: Groeber's Zeitschr. 1 247.

108. **Tob.** La Vie de Tobie par Guillaume le Clerc de Normandie hgg. v. Reinsch: Herrig's Archiv, Bd. 62, p. 375.

    Tyd. s. u. Lais inédits Nr. 69 e.
    Tyol. s. u. Lais inédits Nr. 69 a.

109. **Tumb.** Del Tumbeor Nostre-Dame hgg. v. W. Foerster: Romania II 315.

110. **Vr. An.** Li Dis dou Vrai Aniel hgg. v. A. Tobler. Leipzig. [2]1884.

Es möge mir noch gestattet sein, zu bemerken, daß die vorliegende Arbeit auf Veranlassung des Herrn **Prof. Dr. K. Vollmöller** unternommen und unter seiner Leitung ausgeführt wurde. Es gereicht mir daher zur großen Freude, an dieser Stelle meinem hochverehrten Lehrer für die freundliche Unterstützung, welche mir derselbe bei meinen romanischen Studien überhaupt, insbesondere aber bei Anfertigung dieser Arbeit hat zu teil werden lassen, meinen herzlichsten Dank auszusprechen.

La théologie des chansons de geste est de
plusieurs siècles en retard sur celle des
écrivains ecclésiastiques.

Gautier: Epopées I 20.

I. Gott.[1])

§ 1. Der chriſtlichen Anſchauung gemäß iſt Gott im afrz. Epos
ein dreieiniger und wenngleich die Anrufung der Dreieinigkeit auch bei
weitem hinter der mehr körperlichen Auffaſſung Gottes zurücktritt, ſo
findet ſie ſich dennoch ziemlich häufig, namentlich in den ſpät=afrz.
Dichtungen:

Jer. 259.   Cil croient en Deu et el Saint Esperi,
　　. . . . . Dex pere, Jhesus Chris!
Fier. 4088.   Dix, sainte Trinites, s'il vous plaist, car m'aidiez.
Og. 8796.   Or te conjur de Diu qui fist le monde,
　　Qui le sien cors mua en trois persones.
Part. 7.   Beneois soit Sains Esperis
　　Ki maint et el Pere et el Fis.

Sehr häufig findet ſich die epiſche Formel

DMay. 714.   Et pour ichel Segneur qui maint en Trinite![2])

und der elliptiſche Schwur par sainte Trinite! (Raoul 249/14).[3])
Bisweilen findet ſich noch Gott ſpeziell neben der Dreieinigkeit angerufen.

Ant. I 180/5.   Por l'amor dame Dieu et sainte Trinite.
„ II 15/14.   Or soit Diex a lor plait et Sainte Trinites.
DMay. 10393.   Que je me fi en Dieu et en la Trinite.[4])

Trotz dieſer Dreieinigkeit iſt Gott ein einiges Weſen, denn

Dol. 12287.   — „Sire, Trinitez est de trois,
　　Ce sont les vertus Deu devines
　　Que Dex est souz, et si est trines,
　　Dex est toz souz an uniteit
　　Et s'est trines en triniteit;

---

1) Vergl. J. Grimm: Deutsche Mythologie³. 1854. J. Altona: Gebete
und Anrufungen in Stengel's Ausgg. u. Abhandl. IX 1883. A. Kressner:
Epischer Stil im Anhange zur Franz. Metrik. Leipzig 1880. S. 95 ff.
2) Vergl. ferner DMay. 966. Gaufr. 4627. Dol. 12818. MsBourg. 153.
Crois. 11 10. MsCambr. fin. HCap. 1109. Chanc. Ph. 253. Horn 37. 162.
Destr. 1148.
3) Pamp. 1499. 2503. Gayd. 3629.
4) DMay. 7892. 8298. Gar. R. 355/18. 356/6.

Dex se siet el siege des trones
Uns toz souz Dex en III. persones,
Peres, filz, et sains esperites.
Cil est desloiax et herites
Qui ce ne croit certainnemant,
Et si n'est c'uns Dex soulemant.
MsBourg. 39/214. Que nos voiains la Trinite
Laissus (es ciez) an une deite.
Ou il n'ait point de descordance.

§ 2. Das Bild Gottes des Vaters, wie es uns in den Epen der ältesten Zeit entgegentritt, ist in seinen Grundzügen kein einheitliches, kein harmonisches, vielmehr bemerken wir hier, wie in so vielen andern Fällen, deutlich den Kampf der Ideen des unterliegenden Heidentums mit der siegreichen Lehre Christi. Es gab eine Menge Anschauungen und Gebräuche, die dem Volke so lieb und wert geworden waren, daß es von ihnen auch nach der Bekehrung zu der neuen Lehre nicht lassen wollte. Es nahm diese Reste mit hinüber und suchte sie so gut es ging den neuen Glaubenslehren anzupassen und mit ihnen zu verflechten, zum Teil unter schweigender Zustimmung der Kirche, zum Teil gegen ihren Willen. So überwiegen in der Vorstellung des altfranz. Volkes von Gott dem Vater bei weitem diejenigen Eigenschaften, mit denen die alten Germanen ihre oberste Gottheit auszustatten pflegten, während alles spezifisch christliche natürlicher Weise in der Person Christi vereinigt wird. Der größte Teil des Volkes war für die tiefen Abstraktionen der göttlichen Lehre des Christentums bei weitem noch nicht reif und vermochte sich durch dieselben nicht befriedigt zu fühlen. Die reine Auffassung Gottes, als eines Geistes, war namentlich den früheren Jahrhunderten zu fremd und unverständlich, als daß sie dieselbe unverändert hätten in sich aufnehmen können. Die Vorstellung Gottes war vielmehr die eines gewaltigen Herrschers nach altgermanischer Anschauung, der den Seinigen im Kampfe beisteht und seine Feinde mit menschlichen und göttlichen Waffen zu Boden schmettert. Zwar erscheint er selbst nie auf Erden, doch läßt er bei jeder Gelegenheit die Sache der Christen in der nachdrücklichsten Weise durch seine Engel und Heiligen vertreten.[1]

Die Eigenschaften der Liebe (daher die Volksetymologie Deu le roiamant, auch roi amant geschrieben)[2] tritt in Gottes Wesen bei weitem zurück, dagegen ist Gott vor allem der mächtige König des Himmels (Li rois souvrain de paradis GPal. 3304[3]). Deu de gloire, le roi de majeste. Ren. Mont. 47/3.)[4] Besonders häufig

---

1) Vergl. Kap. III und IV.
2) Og. 5526. Ant. I 195/2. ChCygne 3232. Jer. 211. 153. 250. Brun 514. Ren. Mont. 3/33. 22/21. 37/16. A. u. A. 3138. Jourd. 1504.
3) l'amp. 2456. Raoul 247/13. Ant. I 244/3. II 245/8. GPal. 4142. Ch. II esp. 6584. ChCygne 1587. Buev. 3764. Og. 4158. Aim. 522. Joies N-D. 17. Flour. 90,3.
4) Og. 9178. Aquin 644. Raoul 63/6. SSages 412. 633. Horn 3182. 4409. Oct. 4912. Atr. per. 133.

ſind Beiwörter wie li rois tout poissant[1]), omnipotent[2]), glorious[3]), droiturier[4]) etc., alles Epitheta, die Gott mit den weltlichen Herrſchern gemein hat. Seine ſchöpferiſche Thätigkeit findet ihren Ausdruck in den epiſchen Formeln

Foulq. 120/28. . . Diex, qui fist et nuit et jour.
Brun. 3880 . . . . Cil qui fist le hautain firmement.
Ren. Mont. 14/26. „Cil Dame Dex de gloire qui fist pluie et gelee
„Et le chaut et le froit, ciel, terre, mer salee
„Et si fist home et fame par sa bone pensee.[5])

Ein unverkennbarer Überreſt des heidniſchen Gottesglaubens, jedenfalls aber der altteſtamentlichen Gottesanſchauung näher ſtehend als der neu= teſtamentlichen, iſt entſchieden die Vorſtellung desſelben als eines zürnenden, richtenden und rächenden Gottes; der chriſtliche Glaube an Gott als Richter findet ſeinen Ausgangspunkt dagegen in der Perſon Chriſti,. der am jüngſten Tage kommen wird, um über Lebendige und Tote Gericht zu halten. Gott im afrz. Epos iſt allen menſchlichen Leidenſchaften zugänglich, ſo ſagt z. B. Karl:

Og. 6196. . . . . E Dex! ben voi que me haes!
St.JBd'or 591. . . Corecie as Deu e ses sains;

beſonders häufig findet ſich natürlich Gottes Haß gegen die Verräter und Heiden;[6])

Vr. An. 68. . Bougres estoit et mescreans,
Haïs iert de dieu et dou monde.
Greg. I 1670. Dieu le tenoit pour einemis
Puisqu'il n'avoit crestiente,

andrerſeits findet ſich die Liebe Gottes zu den Helden und Heiligen ſeines Volkes

Og. 269. . . Dex ama Kalle e si l'avoit mult chier.
Berte 1005. Car de tres fin cuer l'aime, de vrai et de meür.
Jer. 232. . . Godefroi de Buillon. que Dex parama tant.
„ 116. . . (Par devers) Saint Esteule. que Dex parama tant[7])

---

1) Og. 10863. Buev. 3395. Ren. Mont. 37/26. 38/7. ChII esp. 5681. Brun 707. Horn 1109.

2) DMay. 1076. Main. 330/100, 113. Aub. R. 230/26. Aquin 1571. Jer. 4677. GPal. 9528. Crois. I 251. Chanc. Ph. 109.

3) Sax. CLVI, 14. EEsp. 64/478. Pamp. 1828. 4231. Foulq. 129/16. Mar. R. 613/29

4) Og. 9636. Berte 938. Ren. Mont. 140/5. Raoul 149/1. Flour. 99, 15. Auch für Karl findet ſich dies Epitheton: häufig vergl. Og. 9392. 10600. 11043. etc.

5) Aim. 519. Sax. CXXII 40. Raoul 29/11. 331/1. DMay. 815. Joufr. 1755. 1878. Foulq. 104/8. GPal. 4048. Gar. R. 339/30.

6) Gott geſtattet zwar den Verrätern zuweilen das Gelingen ihrer verräteriſchen Pläne, allein um ſo wuchtiger trifft ſie nachher ſeine Strafe:
Berte 1670. Diex consent mainte gent lor traïson a faire,
Mais puis lor fait il si desclorre lor aumaire
Que trestous lor malices lor retorne a contraire
Et puet on clerement connoistre lor afaire.
vergl. ferner Berte. 1556--9.

7) Leod. 35 c. Karls R. 791. 796. Ant. I 211/3. II 90/14.

und die Freude darüber, daß die Chriſten ſeinen Dienſt in allen Ländern
einführen:

DMay. 6663.   Tout entour cheste terre, et le riche païs
              Ou Dex est henourez et proisies et servis,
              Dont il se fet tout lie lassus en paradis.

Epitheta und Formeln, welche Gott als den Richter darſtellen, treten
ungemein oft auf, ſo le verai justicier (Raoul 102/11)[1] qui tot a
a jugier (Ren. Mont. 57/10),[2] voirs jugierres (Marg. 13)

Rou I 3783.   Mais ieo me fi del tut el rei omnipotent,
              Ki des bons e des mals fait verai jugement.
ChDCl. 290.   „Bien sai ke de tut le mund
              Est Deu juges e seignur.“
Mah. 219. . . Li jugemens Diu si parfons
              Est que nus hom n'i prendroit fons.

Eine direkte Folge dieſer Auffaſſung des göttlichen Richteramtes iſt die,
Gott als den Rächer für alles Unrecht zu verehren.[3] Wie tief das

---

1) DMay. 5867. 7070. 4981. Raoul 111/16. Foulq. 151/19. Berte 3198.
2) Sax. CCLVII 24. Og. 10114. Aub. R. 208/22. Gar. R. 359/15.
l'amp. 2358. Ren. Mont. 58/24. 90/11. 115/13.
3) Zur Zeit der Entſtehung unſerer Dichtungen hatte das Chriſtentum noch
nicht vermocht, das alte heidniſche Prinzip der Blutrache zu verdrängen; dieſes findet
ſich noch durchweg in den echten Volkſepen, während es in den ſpäteren Dichtungen,
namentlich den religiöſen, einer mehr chriſtlichen Anſchauung weichen muß:
Og. 9040. . . . Ja n'iere lies se de toi n'ai vengeance.
1680. . . . Se ne le venge, ne me prise un festu.
Gar. II 270/11. Se nel vengeois, dont serois-jou honis.
Durm. 2874. . „Je vuel prendre la vengneson
              „De mon frere que mort aves.“
Buev. 1497. . . „Vengier vueil l'amirant, mon oncle et mon ami.“
ChCygne 2724. Un Galyon y ot qui ses nes amena,
              Pour son oncle vengier fierement se pena.
vergl. ferner DMay. 2036. HCap. 4725. Raoul 67/24. 69/25. ChCygne 2248.
HBord. 6896. Ren. Mont. 386/6. Horn 4596. Og. 9048. 1566.
An Stelle der Blutrache tritt nach germ. Sitte noch oft das Wergeld:
Raoul 89/20. „Ma mere arcistes en Origni mostier,
              „Et moi fesistes la teste peçoier.
              „Droit m'en offristes, ce ne puis je noier.
              „Por l'amendise por avoir maint destrier:
              „Ofert m'en furent C bon cheval corcier,
              „Et C mulet et C palefrois chier,
              „Et C espees et C hauber doblier,
              „Et C escu et C elme a or mier.
Verwundete ſterben erſt dann ruhig, wenn ſie ihre Rache an ihrem Feinde aus-
geübt haben:
Horn 3492. „Sire, purez guarir. Coment vus ert covent?“
           Çoe li respunt Egfer: „Arains malement;
           Mais d'içoe sui gari que joe'n ai vengement,
und Beleidigte drohen noch nach ihrem Tode, Gott um Rache an dem Überlebenden
zu bitten:
ChDCl. 313. „Si jeo meur pur vostre amur
            „Jeo requer nostre creatur
            „Ke il prenge de vus vengance.“
Selbſt Chriſtus am Kreuze ſoll zu dem bekehrten Schächer gewandt von Rache
geredet haben:

Volk von diesem Glauben durchdrungen war, ersehen wir deutlich aus den häufigen Bittgebeten, in denen Gott angefleht wird, die Beleidigten zu rächen:

DMay. 4972. . . . „Et prie Damedieu, le pere droiturier,
„Que il li doinst poveir de sa honte vengier.“
Ren. Mont. 24/4. „Dame Dex, sires peres, qui me fesistes ne,
„Vos m'en dones venjance par la vostre bonte.“
Garin II 85/10. . Dieu te doint vie que le puisses vengier.

Auch für die Übertretung seiner Gebote nimmt Gott an dem Gottlosen Rache:

DMay. 1798. „Moult se venge Dieu bien, quant il li vient a gre.“
Mah. 225. . . Bien se set del malvais vengier
Et de haut en bas trebuchier.
Dol. 9959. . Por celui ki lou pechie fait
Se vange Dex de son mesfait;
Jai n'iert si longuement cellez
Li malx k'il ne soit revellez.

So wird Gui de Mayence, der geschworen hatte, sein ganzes Leben im Dienste Gottes als Einsiedler zu verbringen, durch Gottes Engel mit Blindheit geschlagen, als er im Begriffe ist, diesen Eid zu brechen:

DMay. 1882. (Que) .I. angre du chiel contreval devala;
Devant le conte vint, ainc mot ne li sonna,
Mez de la grant clarte le hon quens aveugla,
Et li angre du pie si grant coup li donna
Que trestout estendu a terre le porta.

Diesem zürnenden und rächenden Gotte werden besonders gern Donner und Blitz als Waffen zugeschrieben, wie denn im Germanischen diese Naturerscheinungen vorzugsweise als direkte Handlungen Gottes angesehen zu werden pflegten:

Rou I 856. . . Mult reclaiment celui ki tone e ki esclaire.
Joies N-D. 380. Cil qui fait toner e pluveir.

Ant. I 10/9. „Amis,“ dist-il, encor n'est pas li poples nes
„Qui me venra vengier aus espies accres;
„D'ui en mil ans sera baptisies et leves
„Et s'iert li sains sepulcres requis et aores.
Ant. I 192/12. „Ce dist Diex nostre pere, quant il raienst le mont,
„Si fil le vengeroient qui apres li venront.
Doch finden sich auch in den Volksepen bereits Stellen, die von einer versöhnlicheren Anschauung zeugen:
Gayd. 5622. . . . . Qui mal voiz fait il est de vos chieris.
Raoul 327/16. . . . „Diex nostre pere qui pardon fit Longis
„La soie mort pardonna a Longis;
„Par tel raison, si con moi est avis,
„Li doi je bien pardoner autresis.
„Ge li pardoins: Diex ait de moi mercit!“
Ren. Mont. 228/24. „Contre sa felonie li doi rendre bonte.
„Si le dist l'escriture et li bon clerc letre.“
Ren. Mont. 326/16. „Comment que il ait fait ne meserre vers moi,
„Ne me voldrai ge mie si parjurer vers soi.“

Cor. L. 520. . Mon pere ocist une foldre del ciel,
Toz i fu ars, ne li pot home aidier.
Quant Dex l'ot ars, si fist que enseigniez,
El ciel monta, ça ne volt reperier.

Als Ogier aus Rache Karls Sohn töten will, verhindert Gott
diese Unthat durch seinen Blitzstrahl:

Og. 10988. Mais Dame-Dex i fist miracle grant,
Por Kallemaine ke il par ama tant:
Foudres du ciel jus des nues descent
Entre Ogier et Charlot le poissant
Descent aval come fus tot ardant.

Besonders gebräuchlich ist die Redensart, man könne vor lauter
Lärm Gott nicht donnern hören:

Ot. 1858. . As brans d'acier mainent tel chaplement
C'on n'i poïst oïr nes Dieu tonant.
Part. 3703. Mais la presse et la noise est grans,
N'i seroit oïs Deus tonnans.[1])

Unter den christlichen Eigenschaften Gottes, unseres Vaters, (vrai
pere Oct. 4895 pere del ciel. Gorm. 364. voire paterne Cov.
Viv. 596[2]), treten seine Güte[3]), Wahrhaftigkeit[4]) und sein Mitleid[5])
hervor;

Raoul 208/5. . (Qe) Damerdiex qi tant a de bonte.
Gar. R. 342/21. Et garins iura deu et la soie bontei.
DMay. 2619. Damedieu, qui plain est de bontes.
DMay. 373. „(Pour) ichu saint Segneur, qui onquez ne menti.“
Garin II 107/14. Secourez-le, por Dieu qui ne menti.
ChDCl. 277. „Deu, par sa seinte piete.“
Mir. Sard. 204. Deus par sa misericorde
De peril de mort l'ot gete;
DMay. 3056. Or le sequeure Dieu, qui pere est de pities.

daneben ist Gott der allmächtige[6]), allwissende[7]), ewige[8]) Geist[9]),
dessen Wohnung der Himmel, das Paradies ist.[10])

---

1) MGar. 3059. Aiol 2432. Og. 10914. Cliges 5886. Girb. 404/26.
Ch. II esp. 7415. Fust. R. 104/3. Rich. 1748. Poire 1138. Auch Christus
wird von einem Troubadour „der Herr des Donners“ genannt. Jhesus de tro vergl.
Raynouard IV 83. (Grimm: Mythol. I 167.)
2) Voire paterne heißt Gott ferner im Main. 330/113. Og. 11798. Aye 1111.
1950. 2205. GPal. 3131. sainte paterne monde Aye 1257.
3) Raoul 260/12. Ant. II 281/16. MGuill. 744. 946. Gayd. 7026.
Rou I 2501.
4) Og. 611. Berte 82. Foulq. 104/7. Aub. R. 242/18. Oct. 4885.
Auc. 19/17. Crois. 301. Vr. An. 422.
5) Oct. 2289. Chanc. Ph. 213. Mah. 1675 ff.
6) Über die Epitheta tout puissant, omnipotent etc. s. oben.
7) Ren. Mont. 332/15. 164/11. Gayd. 489. Berte 758.
8) Og. 4102. Dol. 11517. Pass. I 93a. Dime. 33.
9) A. u. A. 3086. Jourd. 1012. Foulq. 158/20. Pamp. 2808. Durm.
10512. Jer. 1807. Crois. I 469.
10) Brun 1591. vergl. Grimm, a. a. O. I 21.

Dime 265.   (Que) Dieus est poissans en tous lius,
    En tere, en mer, en air, es chieus,
    Partout si est sa grans poissanche.
Marg. 654.   Dieu qui tout voit et bas et haut.
Aquin 1278.   „Ou par cil Dieu qui touz temps est et fu.“
Dol. 11494.   C'onkes Dex n'ot comancemant,
    Ne jamais ne definera;
    Toz jors fut et toz jors sera.
Ren. Mont. 372/33.   „Par icel Dame Dex qui est esperital.“
Jourd. 2865.   . . . Forment reclaimme le pere esperital.
Crois. I 28.   . . . Li rois qui maint el firmament.
Buev. 3109.   . . . Mais par icel seignor qui maint au firmament.

Jn formeller Hinsicht mag noch bemerkt werden, daß sich häufig Wendungen finden, in denen neben dem Namen Gottes als koordiniertes Satzglied ein auf seine Eigenschaften bezügliches Abstraktum fungiert, z. B.:

Raoul 119/9.   . „Qant Dieu renoies et la soie amistie.“
Pamp. 5396.   . Se a Dieu pleit e a sa Magiestie.
Rou I 2262.   . Damedeu en iura e la soe vertu.
 I 2356.   . Suuent en iure Deu e sa sainte puissance.
Aub. R. 238/34.   Diex nus gart dame par son saintisme non.
Aquin 159.   . . „Dieu me deffende par son santisme nom. [1]

§ 3.   Die Auffassung des Wesens Christi ist in unsern Dichtungen im allgemeinen dieselbe, wie sie die katholische Kirche noch heute hat. Wir finden hier naturgemäß fast gar keine heidnischen Traditionen, der Erlöser ist eben voll und ganz der Repräsentant des Christentums und hat kein Analogon im Heidentum. Was etwa als heidnische Beimischung angesehen werden könnte, ist einfache Übertragung der Eigenschaften Gottes des Vaters auf Gott den Sohn, oder vielmehr einfache Verwechslung beider Namen, die sich bekanntlich sehr oft findet. [2]

---

1) Auch kommen Anrufungen vor, in denen statt des Namens Gottes nur eine seiner Eigenschaften oder ein Teil seines Wesens genannt wird:
Gayd. 7904.   „Secorrus eres par la vertu nommee.“
Pamp. 5064.   Par la sainte Vertus.
Oct. 5142.   MStMich. 1159.   Raoul 148/8.
2) So findet man, obschon selten, Christus den Schöpfer der Welt genannt.
Ant. II 125/20.   Jhesus qui tout le mont forma.
Sax. CCLXXII, 2.   Jhesu nostre bon creator.
Foulq. 142/30. SSages 82.   Sohn des Schöpfers dagegen heißt er Foulq. 70/13. (le fil au Creator) und Guerre R. 31.   (Filz deu etc.)   Auch das Beiwort pere findet sich nicht selten, z. B. Aquin 1556. Jourd. 2458.   Sax. C, 30. SSages 100. Überhaupt liebte das Mittelalter die absichtliche Verwechslung zwischen Gott Vater und Sohn; auch Maria wird spielend bald Gottes Mutter, bald seine Tochter genannt.
Rich. 49.   J'apiel cheli qui fille et mere
    Enfanta son fil et son pere.
Charrette 79/10.   „Por ce Deu qui fiuz est et pere,
    „Et qui de cele fist sa mere
    „Qui estoit sa fille et s'ancele.“
Part. 5405.   Seinte Marie, virge mere,
    Qui conceus en toi ton pere,
    Et enfantas contre nature
    Ton creator, tu creature.
Joies ND. 288. 409.   Coincy S. 18.   MirND. 17.

Chriſtus vereinigt in ſich göttliche und menſchliche Natur, er iſt der Gottmenſch:

ChCygne 1788. Dieux èt homs i estoit, qui sa char ot navree.
MsBourg. XI 3. Quant par pidie de nos venis
Prendre de char humanite,
Sens deguerpir ta deïte.
Dol. 12111. Et a ties jor resussitait
Com verais Dex et verais hom.
Mah. 955. (Que) il est Dex en char humainne.
Pass. I 2c. Per tot obred que verus deus,
per tot sosteg que hom carnals.
Part. 5399. Doz Iesucriz, vrais Diex, vrais hom.
Coincy S.55. Qui̇ fu vrais diex et fut vrais hons.
Il fu humains, il fu celestres.

Seine ſittliche Vollkommenheit findet ihren Ausdruck im

Dol. 12060. Il devint hons si com nos sommes,
Fors tant k'il n'ot onkes pechiet.
Pass. I 3a. Peccad negun unque non fez
Tob. 309. E nasqui home sanz pecche.

Mit Gott dem Vater zuſammen führt er die Weltregierung

Guerre R. 424/32. Qui od son pere vit et regne
Et qui nos toz mete en son regne.

und iſt in dieſer Eigenſchaft der glorreiche König des Paradieſes:

Ant. II 128/1. Jhesu le roi de Paradis.
Aquin 1813. . Jhesu le roy de majeste.
Durm. 11026. Jhesu le haut roi poissant.
Reimpr.DO.10. Jhesu le roi de glorie. [1]

Bei weitem am häufigſten wird Chriſtus indeſſen als der Erlöſer bezeichnet, l'umainne reentor Mac. 569. GRoss. 393/10, [2] wie denn überhaupt die Erlöſungsgeſchichte in allen Gattungen und in allen Perioden der afrz. Literatur mit Vorliebe behandelt wird. Hier ſeien nur kurz die Hauptmomente derſelben angeführt.

Seit der Sintflut beſſert ſich die Menſchheit von Jahr zu Jahr, um der Erlöſung durch Chriſtus würdig zu werden:

Dol. 12029. . . Petit a petit amendoient
Les gens ki parler en ooient;

---

1) Crois. I 99. Aquin 1991. MsBourg. 29/7. Horn 1843. Coincy S. 69.
2) Formelhafte Zuſätze, die ſich auf die Erlöſung Chriſti beziehen, finden ſich ungemein oft; es ſind etwa die folgenden:
Ren. Mont. 45/2. „Dex t'en rende merite, qui en la crois fu mis.“
93/5. „Valles, cil vos confonde qui sofri passion.“
Raoul 237/9. . . . Ce cil n'en pense qi se laisa drecier
En sainte crois por son peule avoier;
beſonders häufig wird Chriſtus „Sohn der Maria“ genannt:
Jourd. 2450. . . . Qui en la virge preis harbergemant.
Ren. Mont. 320/26. Qui en la sainte Virge prist incarnalite.
30/10. Et jure Damle Deu, le fil sainte Marie.
ChDCl. 270. . . . Li sire que de la Virgine nasqui.
Oct. 5007. Pamp. 1001. Buev. 1853. Sax. CL, 15. Horn 1593. Crois. 119.

> Plus saige et plus cortois s'en tinrent;
> A millor nature revinrent.
>
> 12044. Tant ke Dex enterrinnemant,
> Toute sauve sa deiteit
> Vint panre droite humainteit.

Auch sonst finden sich bereits lange vor der Erlösung Anzeichen, die auf Christi Geburt hindeuten.[1]) So wird berichtet, daß bereits im Altertum in Ägypten ein Tempel existiert habe, in welchem neben anderen Göttern eine Jungfrau mit einem Kinde im Arme verehrt wurde. Als später Maria und Joseph mit Christus nach Ägypten flohen und in diesen Tempel eintraten, zerbrachen augenblicklich alle Götzenbilder in Stücke, während die Statue der Jungfrau mit dem Kinde allein unversehrt blieb.[2]) Auch gab es in Rom einen Tempel (Temple de Concorde), von dem es hieß, er werde so lange bestehen, bis eine Jungfrau einen Sohn gebären würde. In der Nacht nun, in der Christus geboren wurde, stürzte dieser Tempel in sich selbst zusammen.[3])

Bereits seit dem Sündenfall hatte Gott die Absicht, die Menschheit zu erlösen;

> Dol. 12051. . . Et bien saichiez certainnemant
> Que Dex des l'encomancemant
> Avoit en sa proposicion
> Qu'il panroit incarnacion
> En la sainte Virge pucele,
> Qui sor toutes dames fut belle.

Da dieses Erlösungswerk indessen von keinem Menschen, sondern nur von Gott selbst vollführt werden konnte,

> Dol. 12234. . . Et bien saichiez certainnemant
> Que nus hons fors Deu soulemant.
> Ne nuns aingles esperitax,
> Tant fust bons ne celestiax,
> Ne poïst Adam rachater
> Ne des painnes d'anfer gitter,

so sandte er seinen Sohn zur Erde hernieder:

> Ant. I 7/8. . . Son fil tramist en terre qui d'enfer vous traisist.
> Joies ND. 199. Mes Dieus, qui est dulz e pitos,
> Out pitie e merci de nos,

---

1) Im Dol. 12562—78 wird erzählt, daß bereits Sokrates sich geweigert habe, die Götzen der Heiden (les ydles) anzubeten, er habe vielmehr an einen einigen Gott geglaubt und um dessentwillen den Giftbecher getrunken.

2) Dol. 12590 ff.

3) Joies ND. 87. Verite fu, que a Rome aveit
         Un temple, qui mult halt esteit,
   91. Temple de Cuncorde aveit nun.
  146. Jamais cest temple n'iert fondu;
         Ainz serra tutdis en estant,
         Tant que la virgne avra enfant.
  466. Icele nuit chai a Rome
         Le temple de la fause pes,
         E l'ymage tut a un fes.

Dieselbe Erzählung findet sich im Dol. 12660 ff.

209. Si envea son fiz en tere,
  Por la centisme oaille querre.

Durch den Erzengel Gabriel wird die Geburt Christi, der empfangen ist von dem heil. Geiste, der Maria angezeigt:

Gaufr. 9084. „Cresre vueil en cheli qui par saint Gabriel
  „S'esconsa en la vierge Marie o le cors bel."

Foulq. 85/4. — „Par cel Seignor, qui par annoncement
  „Vint en la Virge por sauver bonne gent."

Joies ND. 227. Vint Gabriel a la pucele
  236. E li a dit, quant il la veit,
  238. Deus seit od tei, plaine de grace,
    Entre femmes beneuree.
  245. Issi ert, qui tu concevras
    Un fiz, que tu enfanteras,
    E si l' apeleras Jesu.
  249. Fiz del plus hault ert apele.
  257. Li seinz esperiz survendra,
    Qui dedenz tei s'aumbrera.
  274. Fu plaine del saint esperit
    E sun criatur herberja.

GPal. 3134. . . „Et en la vierge t'aombras
  „Et preis incarnation,
  „Sire, par sainte anoncion,
  „Et forme d'ome et char humaine.

In der heiligen Nacht, in der Christus geboren wurde, melden die Engel den Hirten seine Geburt:

Joies ND. 497. La nuit, que la virge out enfant,
  Fu oi le glorius chant,
  Que li angle del ciel chanterent.
  E as pasturs, qui veillanz erent
  Fist li angles annuncion,
  Que li sauveres nez esteit.

Die Tiere auf dem Felde, die Vögel unter dem Himmel freuen sich, daß der Erlöser geboren ist:

Fier. 933. Trestoute creature en fu releechant,
  Grant joie en demenerent bestes, oisiel volant.

In Rom geschehen in dieser Nacht große Wunder (s. ob. S. 15 Anm. 3.), so quillt plötzlich an der Stelle, wo bis dahin ein verrufenes Haus gestanden hatte, ein mächtiger Strom Öles aus der Erde und ergießt sich in den Tiber.

Joies ND. 480. Ou la taverne (v. 170) esteit tutdis,
  Surst oile de la terre plaine
  Come un russelet de fontaine,
  Qui s'en corut desi qu'el Teivre.

Nach der Geburt wird Christus in eine Krippe gelegt, woselbst die Tiere ihm dienen:

Og. 10965. Et un des bues ki la fu pasturant
  Vous enclina parfont et douchement,
  Et vous covri de l'estrain humlement.

Mah. 887. Cil dont li angele font tez festes
   Jut en la creche avoec les bestes, -
   De drapeles envolepes,
   Et a grant povrete donnes.

Auch die Anbetung der heil. drei Könige (Galpart, Baptisart, Melchion) findet sich ungemein häufig erwähnt:

Par. 1386. Galpart et Baptisart, bien les savons nomer;
   Melchion fu li tierz, bien l'ai oï conter.
Berte. 714. Melcior ot non cil qui le mirre porta,
   Jaspar ot non li autres qui l'encens vous donna,
   Et Baltazar li tiers qui l'or vous presenta. [1]

Außer der mehrfachen Erwähnung des Kindermords des Herodes [2] finden sich weiter keine Anspielungen auf die Jugendgeschichte Christi. Auch von seinem Wirken bis zum Beginn der Leidensgeschichte sind nur einige in den altfranz. Dichtungen stereotyp wiederkehrende Ereignisse zu verzeichnen, so die 40 tägige Versuchung Christi in der Wüste durch den Teufel, [3] die Verwandlung des Wassers in Wein auf der Hochzeit zu Cana, [4] Christi Gang auf dem Meere, [5] die Erweckung des Lazarus vom Tode, [6] seine Salbung durch Maria Magdalena

---

1) Aiol. 2970—3015. Ren. Mont. 431/33. Dol. 12616. Aquin. 1927. 2637. Cor. L. 726. Pr. Or. 501. Gilles 2113—14.

2) HBord. 1975. Cor. L. 721. Dol. 12618. Aquin. 2651.

3) Jer. 1940. Et les quarante jors de son gre geuna!
Ball. R. 620/26. Tu qui junas la saincte XLe.
Joies N-D. 520. Mult fu li diable confus,
   Quant il le trova sanz pecchie. ff.

4) Gayd. 1393. „As noces fustez le saint archeteclin,
   „Quant la fontainne feis devenir vin.
GBourg. 711. Cil sires les conduie qui de l'eve fist vin,
   Le jor qu'il sist as noces de saint Arcedeclin!
Jer. 1631. Ant. II 213/6. Par. 805. Sax. CLXXXV 10. Foulq. 111/15. Raoul. 8/10. etc.
 Hier ist die merkwürdige Bildung des Namens zu beachten; das griech. ἀρχιτρίκλινος, der Hofmarschall, wird vom Volke im Mittelalter zum Eigennamen des Bräutigams auf der Hochzeit zu Cana gemacht, der dann später durch die Unwissenheit jener Zeiten unter die Zahl der Heiligen aufgenommen wurde. In ähnlicher Weise wird das Volk auch die Namen der beiden Schächer am Kreuze, Dimas und Getas, gebildet haben, da dieselben uns sonst nirgends überliefert sind.
Ant. I 9/10. A la destre de lui fu uns leres drecies,
   Dimas ot il a nom, puis qu'il fu batisies.
 11/5. D'autre part a senestre et pendu un laron,
   Par son nom de batesme Getas l'apeloit on.
Og. 11651. Et le laron qi a destre iert pendant,
   Non ot Dimas, che trovon nos lisant.

5) Foulq. 114/6. — „Diex, dist Ganite, qui passas mer sans nage."
Dime. 355. Que li mers si obeissoit
   A Dieu, si que sor li passoit
   Com se che fust en tere ferme.

6) Sax. CLVI/17. Ou chastel de Betene suscitaz Lazaron.
A. u. A. 2879. Qui suscita saint Ladre en Bethanie.
GBourg. 2557. Le cors saint Lazaron de mort resucitas.

im Hause des Simon[1]) und sein Einzug in Jerusalem am Palm=
sonntag.[2])

Die Leidensgeschichte Christi ist natürlich sehr eingehend und oft
behandelt,[3]) und zwar besonders in den langen Gebeten, die die Christen
zum Himmel senden. Über das Alter, welches Christus erreichte, gehen
die Nachrichten auseinander, indessen heißt es am häufigsten, er sei 32
Jahre alt geworden,

HBord. 1531. . „.XXXII. ans alas par le païs.
Aquin. 2656. . Par terre alastes .XXXII. ans passé.[4])

Daneben findet sich das Alter von 30 und 33 Jahren,

Og. 229. . . Trente ans tos plains alastes par le mont.
Aquin. 1937. „.XXXIII. ans voulays par terre aler.“
Pass. I 2a. Trenta tres anz et alques plus,
　　　　　　Des que carn pres, inter nos fu.
Crois. III 45. Trente trois anz i ai od vos converse.

Pass. I 8a. Jhesus lo Lazer suscitet,
　　　　　　Chi quatre dis en moniment
　　　　　　Jagud aveie toz pudenz.
Ren. Mont. 175. Ant. II 22/12. II 111/11. GBourg. 3990. 949. Lazarus
findet sich wie Architriclin nur als Heiliger genannt.

· 1) Die katholische Tradition identifiziert die Büßerin, die den Heiland im
Hause Simons salbte, mit Maria Magdalena, der Christus die Dämonen austrieb
(Marc. XVI 9), obgleich dies aus der Bibel nicht hervorgeht:
Jourd. 1290. „Dex,“ fait il, „peres, qui formastez le mont,
　　　　　　„La Mazelainne feistez le pardon.“
Ren. Mont. 175. „Marie Madaiglaine fesistez le pardon.“
Pass. II 83—114. Ren. Mont. 277/8. MsBourg. IX 4. Buev. 154. Sax
CLVI 15. Foulq. 4/5.
Ant. II 111/12. Marie Madelaine fesistes le pardon,
　　　　　　Quant a vos pies plora en la maison Simon,
　　　　　　Des larmes de son cuer fist tel reversion
　　　　　　Qu'ele les vous lava entour et environ,
　　　　　　Apres les recovra d'un oignement moult bon.

2) In den Volksepen findet sich dieser Einzug Christi nicht, sondern nur in
den religiösen Dichtungen:
Pass. II 117. Se parti de Betaine e sens nul contredit
　　　　　　Ver Jerusalem prist le cemin plus eslit
　　　　　　Lour pristrent raims d'olive e d'autres con delit,
　　　　　　Ver lui aloient cantant: „Osanna, fil Davit,
　　　　　　Che en cist mond eis entre, tuen nom soit benedit!“
　　　　　　Lour fu plus honore nostre sir Jhesu Crit
　　　　　　Ch'il fust meis en cist siegle, cum nos trovons escrit.
vergl. Reimpr. D. O. 91—96.

3) Hauptsächlich habe ich die Angaben über Christi Leidensgeschichte, wie über=
haupt alles andere, aus den Volksepen geschöpft, um auf diese Weise die Darstellung
des Volksglaubens jener Zeiten von gelehrten Zusätzen möglichst frei zu halten.
In den Passionen und Heiligenleben findet sich die Erzählung von Christi Tod
natürlich bis in die kleinsten Einzelheiten ausgeführt, mir kam es indessen mehr
darauf an zu zeigen, welche Momente der Leidensgeschichte das Volk vorzugsweise
zu hören liebte und in seine eigenen Dichtungen selbst aufnahm.

4) Ferner Ant. II 22 17. HBord. 1979. 2857. Aye. 2747. Cor. L. 733.
Alesch. 6777. Og. 11640.

Befonders hervorgehoben wird immer, daß Chriftus nur aus Liebe zur fündigen Menfchheit den Tod erlitten habe

Ant. I 156/12. Dame Dieu reclama qui se laissa morir
Por nous a passion et martire soufrir,
Dol. 12081. . . : Et por son pueple delivrer,
Se laissoit Dex a mort livrer,[1]

um uns von der Erbfünde,[2] die uns durch Adams Schuld anhaftet, zu befreien,

Joies N-D. 205. Quant Dieus vit, que le humain lignage
Aveit tant este en servage
E en la chaine Sathan
Par la transgression Adan,
Si envea son fiz en tere,
Por la centisme oaille querre.

Chrifti Paffion beginnt mit dem Verrate des Judas,

A. u. A. 1294. Judas li fel li traitres puslans
Si voz vendi a la gent mescreant.
.XXX. deniers, qu'il n'en ot plus arjant.
De nuit voz prinrent a la chandeille ardant,
La voz baisa Judas par boisemant
Por demonstrer de voz conoissement.
Pass. II 151. . Atant ec vos Judas de mal pensier garni
Si cum cellu ch'estoit daou diable seisi;
Il vint entre ceus faus e pues lour dist ensi:
„Que me volies doner se sens noise ne cri
Je le traï a vous?" E un d'eus respondi
Por lo voloir des autres e si li proferi
Trente diners, e Judas maintinant lour plevi
De traïr cil Jhesu que mais n'avoit failli.[3]

Alsdann wird Chriftus vor Pilatus geführt und dort vom Volke verhöhnt,

Sax. CCLVII 30. Ou prestoire Pilate fustes vos laidangiez.
Tant soffris, con aigniax c'on doit sacrefier.
Ant. I 7/10. . . . Pilates ne Juis n'i ot uns nel laidist.
A. u. A. 1301. . . Je joins marraiges et d'espinnes poingnans
Voz coronnerent celle mauvaise jant.
Aquin. 1946. . . . D'aspres espines te lessas coronner.
Reimpr. D. O. 101. Kar ceus le corunerent d'espines a dolur.

---

1) Vergl. Raoul. 46/5. Foulq. 39/30. Mah. 1412. ChNDR. 314/29. Horn. 3091. Reimpr. 84 d. Durm. 14353. MsBourg. 23. Mar. R. 613/30. Pass. II 25.
2) Fl. Bl. 927. Il en manga par son pechie,
Par coi nos somes enginie.
Ant. I 7/7. Jamais n'eussies paine s'Adam nel forfesist.
Dol. 12272. Adans tot le mont entachait,
Qui an ces .III. pechiez pechait;
Nuns ne puet naistre sanz pechiet.
3) HBord. 1982. Floov. 695. Cor. L. 751. Ant. I 58/13. Sax. CCLXXIII 5. Reimpr. DO. 77 ff.

Am Karfreitag [1]) freuzigten [2]) fie ihn auf dem Mont de Calvaire, [3])

Ant. I 58/16. „Puis le crucefierent el mont de Calvairie, [4])

inmitten der beiden Schächer Dimas und Getas. [5]) In dem Augenblicke, als Christus seinen Geist aufgab, ließ Gott große Wunder geschehen, der Tempel [6]) in Jerusalem barst in zwei Stücke, die Erde erbebte, die Felsen zerrissen, die Sonne verfinsterte sich, [7]) die Gräber öffneten sich und die Heiligen standen auf. [8]) Wohl am häufigsten von allen Begebenheiten aus dem Leben Christi findet sich das Wunder, welches er nach seinem Tode an Longinus [9]) bewirkte. Als nämlich dieser, der

---

1) Gayd. 1387. „Au venredi, quant tu la mors souffriz,
„Et le vert maubre desoz tes pies fendis.“

2) Im Fier. 5976. heißt es, allerdings aus dem Munde eines Heiden, Christus sei gesteinigt worden: Passe a .V.ᵉ ans que il fu lapides.

3) Dieser Name findet sich fast ausschließlich an Stelle des bibl. Golgatha, welches z. B.
Pamp. 384. Mes par cil Sir que fu oucis en Golgatais.
gebraucht wird.

- 4) Vergl. Ren. Mont. 417/23 u. a.

5) Über Dimas und Getas vergl. S. 17. Anm. 4. Christi Kreuzigung findet sich natürlich ungemein oft, so A. u. A. 3349. Jourd. 493. HBord. 2861. GRoss. 289/14. Ant. II 22/19. Aub. R. 212/34. MGuill. 673. Mah. 333.

6) Im Matth. XXVII 51 heißt es nur, der Vorhang im Tempel sei in zwei Stücke zerrissen; hier heißt es, der ganze Tempel sei geborsten:
Dime. 394. . . Car li temples en .II. moities
Fendi et les pierres fendirent.
Joies N-D. 543. E le viel del temple rompi,
E les dures pieres feudirent.
Vergl. HBord. 2007.

7) Dol. 12706. . La clartez del jor en nercit
Et li solax an oscursit
Et perdit sa grant clarteit toute;
Si fist espes c'on ne vit goute
De la nonne jusq 'au midi.
Dime. 317. . . . . . . Car li solaus point de lumiere
Ne vout douner d'une cure entiere,
Et la lune si en perdi
Clarte si que point n'en rendi.
Joies N-D. 541. . . . Quant il out l'espirit rendu,
Tut li monz en tenebres fu.

8) Dol. 12702. Por sa mort les pieres fandirent
Et les sepoltures ovrirent
Et maint cors saint resusciterent
Qui fors de terre releverent.
Dime. 396. . . . . Li monument si souvrirent
Et s'en issirent pluisor mort,
Ausi le terre craulla fort.
Joies N-D. 546. . E li monument se ovrirent,
E cors sainz, qui dormi aveient
E qui sanz les almes esteient
Resurstrent, c'est la verite.

9) Vergl. Dictionary of christian Biography etc. by Smith and Wace. London 1882. Bd. III, S. 739. Longinus Nr. 3. Dort heißt es u. a.:

seit seiner Geburt blind war, Christus mit der Lanze in die Seite stieß, flossen einige Tropfen seines göttlichen Blutes an dem Lanzenschaft herunter und berührten zufällig die Augen des Blinden, der dadurch sofort sein Augenlicht erhielt und darauf gnadeflehend dem toten Heiland zu Füßen sank,

A. u. A. 1304. Vo cors percierent d'unne lance tranchant.
              Sanc ot et eve de vo costel issant,
              Longis qu'ainz n'ot veu en son vivant
              Terst a ses iex, si ot alumement.
Fier. 946. . . . Quant Longis vous feri de la lance trenchant,
              Il n'avoit ainc veu en trestout son vivant;
              Li sans li vinst par l'anste jusques as ex coulant,
              Il en terst a ses ex, tantost en fu veant.
              Merchi vous cria, Sire, sa poitrine batant,
              Et vous li pardonnastes sans point de mautalant. [1]

Darauf folgt die Grablegung Christi durch Nicodemus,

A. u. A. 1308. Nicodemus voz coucha douchement
              En un sepulcre, que fist faire moult grant.
Ant. II 111/25. „El sepulcre fu mis et gaities a laron, [2]

sowie seine Höllenfahrt, die zu allen Zeiten mit besonderer Vorliebe behandelt worden ist, da sich hierbei dem Dichter die Gelegenheit bot, dem Volke eine stets gern aufgenommene Beschreibung der Martern und Qualen der Hölle zu geben. Ein solches Bild der Hölle wird in einem der folgenden Kapitel entworfen werden; hier sei nur das berücksichtigt, was unbedingt notwendig ist, um die Erlösung Christi verständlich zu machen. Aus der Darstellungsweise in den alten Epen geht hervor, daß Christi Höllenfahrt, d. h. die Erlösung der in der Hölle schmachtenden Heiden, von dem Volke als der Hauptakt des ganzen Erlösungswerkes angesehen wurde. Und in der That mußte bei der im Mittelalter herrschenden Furcht vor Hölle und Teufel die Errettung aus diesen Qualen als das größte Gnadengeschenk Gottes angesehen werden und so kommt es denn, daß diese That Christi in unsern Epen mit Vorliebe gepriesen wird. Nach der Auffassung der Kirche mußte jeder vorchristliche

---

Longinus March 15. (Usuard) Sept. 1. (Adon) Oct. 16. (Bas Menol.) the traditionary soldier who pierced our Lord's side, subsequently converted by the apostles. His body was alleged to have been found by the crusaders about a. d. 1098 in the church of St. Peter at Antioch. etc.

1) Diese Erzählung findet sich ferner Par. 813. Og. 252. 11645. Jer. 7031. Fier. 1207. HBord. 2000. Cor. L. 765. Pr. Or. 504. Magd. 13. Aquin. 1948. Raoul. 208/8. Die Worte „qui Longis fist pardon" finden sich formelhaft bei dem Namen Christi zu allen Zeiten und in allen altfranz. Dichtungsgattungen, z. B.:
GBourg. 948. Cil Damediex de gloire, qui Longis fist pardon.
GBourg. 1350. 1682. Og. 248. Par. 53. Jer. 866. Perc. 354.

2) Cor. L. 775. Alesch. 6797. Gorm. 645. Ant. I 58/17. II 23/6. Aquin. 1963. HBord. 2015. Jourd. 1423.

Menſch, war er nun gut oder böſe, der Sünde Adams wegen[1]) nach ſeinem Tode in der Hölle ewige Qualen erdulden; unter ihnen werden beſonders hervorgehoben: Adam, Noah, Moſes, Aaron, Abraham u. a. m.

Ant. II 111/27. . A infier en alas, n'i ot defension,
Vos amis en getastes, Noel et Aaron.

Alesch. 6800. . . Enfer brisas par ta redemption,
Si en gitas Noe et Aaron.

Fier. 954. . . . . En infer en alastes, si en jetas Adan
E tes autres amis, qu'en furent desirant.

Jer. 7039. . . . . A infer en alas, n'i ot deffension,
S'en getastes Adan, Noe et Aaron
Jacob et Esau, et maint autre prodon.

Tob. 42. . . . . . Dont vindrent li treis patriarche
Abraham, Ysaac e Jacob,
Josep e Moyses e Job
E Josue e Ysaie,
Li reis David e Jeremie
Mes ceo esteit trop grant contraire
Que ja nul Deu servi n'eust
Si bien, que ne li esteust
A la fin en enfer decendre.

Selbſt Johannes der Täufer iſt merkwürdigerweiſe unter ihnen:

Theoph. 35 c. Ame n'issoit de cors, nes l'ame saint Jehan,
Qui n'alast en infier par le pechie d'Adan.

Meiſtens heißt es indeſſen nur ganz allgemein, Chriſtus habe die Frommen aus der Hölle befreit:

A. u. A. 1311. Anfer brisastes, ce sevent li auquant.
Les tiens amis en gietas voirement.

Durm. 14356. . Et ses amis d'infer geta.

Jer. 5015. . . . . A infer en ala la porte deffremer,
Che fu por ses amis de la prison jeter.[2])

Dieſe Erlöſung Chriſti erſtreckt ſich auf jeden, der im Laufe aller Zeiten an ihn glauben wird:

Pamp. 2954. Lour dist: „Cil Danideu che en crois soufri tormant
Pour aider e saover cescun en lu creant."

Drei Tage nach der Grablegung erfolgt dann die Auferſtehung,

HBord. 1542. „Au tierc jour fustes, Sire, resurexis.

A. u. A. 1310. Vos surrexistez au tierz jor voirement.

Ant. II 111/25. „Al tierc jour en apres eus surexion.

---

1) HBord. 1957. „Ne nus sains hons, tant eust de bonte,
„Que en infer n'alast tos despenes,
„Car il estoit ensi vo volentes.
„Et paradis estoit clos et sieres."

Dol. 11486. . . . . . Comant d'anfer nos aquitait,
Ou nos fumes tuit trabuchiet
Par Adam, ki fist le pechiet.

2) Cor. L. 1000. Aiol. 6218. Mah. 934. HBord. 1543. Sax. CCLVII 35. Ball. R. 618/13. Pass. I 97c. Reimpr. 7a. Theoph. 39. Joies N-D. 561.

Durm. 14355. . Et al tier jor resuscita.
Tob. 321. . . . Au tierz jor de mort releva,[1])

und endlich steigt Christus vor den Augen seiner Jünger zum Himmel empor, um für die aus der Hölle Erretteten die Pforten des Paradieses wieder zu öffnen:

Sax. CCLVII 37. Puis t'an montas ou ciel le siege aparoillier
             A ces qi por servise sont digne de loier.
Dol. 12126. . . . . Voiant els toz, el ciel montait;
  12129. . . . . A chascun randrait largemant
             Lou ceu k'il aurait deservit,
             Liet celui ki l'aurait servit.
Dime. 302. . . . . Ouvri le porte des grans cieus
             Qui tres le tans Adan fu close.

Dort thront er zur Rechten Gottes,

Joies N-D. 580. La sus a la destre del pere
             Porta puis nostre humanite.
Tob. 322. . . . . A la destre del pere ala.
Magd. 5. . . . . Parti e la desus monte
             Au destre de la mageste,

von wo er am jüngsten Tage kommen wird, um Gericht abzuhalten über die Lebendigen und Toten:

Cor. L. 1000. El ciel montas au jor d'ascension,
             Dont venra, sire, la grant redemption
             Au jugement, ou tuit assembleront.
Sax.CCLVII 39. Au jugement vanras ton pueple chalongier.
Dol. 12128. . . De lai vanrait al jugemant.
Magd. 47. . . . Et coment au deraain jor
             Il devendra estre jugeor.

Sein Verkehr mit seinen Jüngern nach seinem Tode findet sich nur selten erwähnt, ebenso die Ausgießung des heil. Geistes:

ChCygne. 1792. . Et a le Pentecouste, une sainte journee,
             Conforta ses amis, en la maison frumee,
             En samblance de fu, en poissance inspiree.
Dol. 12113. . . . . Apres sa resurrection
             O ces deciples conversa
             Et but avuec eux et manga.
             XL jors antieremant,
             Et si lor dist apertemant
             Que par trestot le mont alaissent.
             Foit et batesme preeschassent.
Mah. 959. . . . . . Apres es sains cius s'en ala,
             Dont li sains Espirs avala
             Quant es Apostles descendi.[2])

Zum Schluß mag noch bemerkt werden, daß Christus in unsern Dichtungen, wenn auch nicht gerade häufig, so doch einige Male persönlich erscheint, um den Christen zu helfen:

---

1) Aquin. 286. Ball. R. 617/4. Dol. 12111. Joies N-D. 572.
2) HBord. 1545. 2030. Alesch. 6807.

Ant. II 160/1. Devant lui vint Jhesus, a noble compaignie,
De la biaute de lui tous li leus resplendie.

Er erscheint alsdann in strahlender Schönheit, von seiner Mutter, seinen Engeln und Heiligen begleitet:

Ant. II 160/6. Saint Pieres et saint Pols furent a son coste,
Et la virge pucele qui Dieu avoit porte.
De la biaute d'aus quatre i ot si grant clarte,
Ne resplendist itant solaus el jour d'este.

Crois. III 28. Et ot en sa compaignie un viel home barbe
Et une bele dame qui sembloit flur d'este.

Ein Beispiel, wo Gott der Vater zu den Menschen herabgestiegen wäre, findet sich nicht.

§ 4. Bedeutend seltener als Gott Vater und Sohn findet sich in den altfranz. Dichtungen der heil. Geist erwähnt. Es hat dies seinen Grund wohl darin, daß sich das Volk in jenen Zeiten seiner Jugend noch keine rechte Vorstellung machen konnte von einem körperlosen Wesen, welches dennoch handelnd auftritt und dem nach der Lehre der Kirche eine so bedeutende Wirksamkeit zugeschrieben wurde. So machen denn auch die formelhaften Ausdrücke, in denen der heil. Geist angerufen wird (de par le Saint Espir Ant. II 110/11. el non saint Esperit Ren. Mont. 183/32. Girb. 449/1. Pamp. 4485. por amor dou saint Esperite. MsBourg. 34/374. foy que doy li sains Esperis. Greg. I 1197. etc.) durchaus den Eindruck, als seien sie vom Verfasser ohne tieferes Verständnis nur der Form wegen niedergeschrieben.[1]) Wo aber der heil. Geist wirklich handelnd auftritt, da nimmt er in unsern Dichtungen körperliche Gestalt an und erscheint ausschließlich als weiße Taube. Dieses Auftreten des heil. Geistes in Gestalt einer Taube findet sich bereits im neuen Testament (Matth. III 16. Marc. I 10), wo erzählt wird, er habe sich in dieser Form auf Christi Haupt niedergelassen in dem Augenblicke, als dieser von Johannes die Taufe erhalten hatte. Diese Stellen der Bibel sind die Quellen für den Volksglauben im Mittelalter, der sich auch in den altfranz. Dichtungen nicht selten vorfindet. So wird z. B. Otinel während seines Zweikampfes mit Roland durch das Hinzutreten des heil. Geistes als weiße Taube zum Christentum bekehrt:

Ot. 574. A ces paroles vint .I. colon volant;
Karles le vit et tote l'autre gent.
Saint Espirit sus Otinel descent,
Li cuer li mue par le Jhesu commant;
Puis dit .II. mos qui sont bien avanant:
„Je relinquis Mahom et Tervagant,
„Et Apolin et Jovin le puant
„Si croi en Dieu qui sofrit le torment."

---

1) Vielfach findet sich der heil. Geist mit Gott zusammen angerufen, z. B.
Alesch. 2164. „Or me consaut Dex et sains Esperiz!"
Girb. 524/1. „Deus le vos mire et li sains esperis!"
Garin. I 31/8. Si com Dieu plot et le Saint-Esperit.
I 100/12. Ne croient Dieu ne le Saint-Esperit.

Eine ähnliche Stelle findet sich im Fier. 1493, wo es während eines Zweikampfes heißt:

> De Damediu li menbre, le roi de maïste,
> Et dou saint Esperit tous fu enlumines.

Eine weiße Taube soll ferner dem heil. Gregor seine Schriften diktiert haben,

Greg. 1 1927. Si vi une coulombe blance,
> Plus que n'est la neif sur la brance.
> Dont la chose trop me plesoit:
> Quer, quant mon seignour se tesoit,
> Son bec en sa bouche tenoit,
> Et bien vi qu'el li aprenoit
> Tout quanqu'il devoit fere et dire.

1994. Bien virent que sains esperis
> Les avoit au saint home apris,[1]

und die heil. Margareta wird kurz vor ihrer Hinrichtung durch eine Taube gekrönt;

Marg. 426. Lors comencha a espartir
> Et li chieux a entremeller
> Et toute la terre a crouller.
> Apres en un petit de tens
> Il vint du ciel un coulons blans
> Qui aportoit une couronne

445. Si s'est droit sus l'espaule assis
> Et li a en la teste mis
> La couronne qu'il aportoit,[2]

überhaupt wirkt Gott die Wunder auf dieser Welt durch Vermittlung des heil. Geistes,

Par. 2829. Car dou saint esperit l'a Jhesu espire,
> Par lui fait Dex miracles: Dex li a bien mostre.

Jer. 4971. Quant .I. colons lor fu de par Deu envoies;
> .I. brief lor aporta qui fu estroit loies.

Durch ihn werden Kraft und Mut der kämpfenden Christen verdoppelt;

Cov. Viv. 435. Sainz Esperiz les a si confortez.

Alesch. 1019. Saint Esperit la force li doubla;

einen Freund oder Verwandten empfahl man gern dem Schutze des heil. Geistes.

GRoss. 333/22. „Pierres, eissi t'ajut Sainz Esperiz."

Clig 5660. . . Sante li doint sainz esperiz.

GPal. 9153. . . O tendres lermes, o souspir
> L'a commande au saint Espir.

„ 9484. . Et commande au saint Esperit
> Que il le gart lui et sa gent.

---

1) Vergl. auch Greg. II 2823—6.

2) Auch bringt nach einem inbrünstigen Gebete eine Taube der heil. Margaretha die Botschaft, daß Gott ihre Bitte erfüllen wolle. (Marg. 575—580.)

Zu der Thätigkeit des heil. Geistes gehören ferner als wichtigste Hand=
lungen die Beschattung der heil. Jungfrau (cf. § 3) und die Erleuchtung
der Jünger Christi am Pfingstfeste:

HBord. 1545. „A l'asension fustes esvanuis
Samblant de fu lor vint li Sains Espirs.“

Mah. 959. . . Apres es sains cius s'en ala,
Dont li sains Espirs avala
Quant es Apostles descendi. [1])

II. Der Marienkultus.

Die Anfänge einer allzu großen Verehrung der Mutter Gottes
lassen sich bis in die ersten Jahrhunderte unserer Zeitrechnung hinein
verfolgen. Ungeachtet es in der Kirche selbst nie an Männern gefehlt
hat, welche eine übertriebene Anbetung der Maria tadelten und verwarfen,
so bildete sich dennoch diese Lehre zu dem innersten Kern des religiösen
Kultus im Mittelalter aus. Volk und Kirche wetteiferten darin, das
Leben der Mutter Gottes mit einem Kranze von Legenden zu durch=
weben, die Sage bemächtigte sich der Jugend und des Alters der Maria
und füllte diese, von denen uns die Bibel nichts zu erzählen weiß, mit
einer Menge frommer Handlungen an, die sie in das Gewand geschicht=
licher Thatsachen hüllte. So wurde in der Nähe von Jerusalem der
Ort verehrt, an dem sie gestorben war, auch der, wo sie zum Himmel
aufgefahren war und andere Stellen, die in irgend eine Beziehung zu
ihr gebracht wurden.

Jer. 90. . . . . cel val major,
La ou Sainte Marie, la mere au creator,
Fu morte et sepelie, et tot li angelor
L'emporterent el chiel devant nostre Seignor.

Jer. 877. . Ves la monte Syon, ilueques devia
Le mere Jhesu Christ, quant del siecle passa,
Si est la sepolture, la ou on la posa.

Jer. 7932. Et de si a .III. ombres les ont ferant menee,
La fu Sainte Marie, por le caut reposee.

Trotz dieser Verherrlichung war man indessen zu Ende des IV. Jahrh.
noch nicht soweit, ihr göttliche Verehrung zu teil werden zu lassen und
Gebete an sie zu richten. Aber eine ungeahnte Steigerung der Marien=
verehrung bewirkte der bekannte nestorianische Streit (431 n. Chr.);
durch ihn wurde dieser Kult allgemein in der Christenheit und seit ihm

---

[1]) Mir. N-D. S. 38. Die Beschattung der Maria findet sich ferner Joies
N-D. 257. Coincy. S. 18.

mit jedem Jahrhundert überschwänglicher. Die Zahl der Marienkirchen mehrte sich in allen christlichen Ländern ganz ungemein,[1]) man errichtete ihr eine große Anzahl von Altären, die Dichter feierten sie in schwärme= rischen Hymnen, die Gelehrten durch exegetische Künsteleien. Besonders aufblühn mußte dieser Marienkultus natürlich in Gallien, unter einem Volke, welches, aus romanischen und germanischen Elementen bestehend, die glühende Phantasie und Begeisterung der ersteren mit der Innigkeit und tief eingewurzelten Ehrfurcht vor dem Weiblichen[2]) der letzteren verband.

Einen Maßstab für das ungemein schnelle Wachsen der Marien= verehrung bieten uns unsere altfranz. Dichtungen dar. Während im Rolandslied Maria überhaupt nur dreimal (v. 1634. 2303. 2348.) und zwar vorübergehend erwähnt wird, findet bei abnehmendem Alter der Epen eine stete Steigerung des Marienkultus statt. Ihr persönliches Erscheinen unter den Christen mehrt sich, die Anzahl der ihr geweihten Festtage[3])

---

1) Ant. II 159/14. En Antioche avoit de vielle ancesserie
          Une glise fondee el non Sainte Marie.
GPal. 4636. . . . . . Sainte Marie de la Sale
          Em poi de tans ont trespasse.
Berühmte Wallfahrtsorte für die Verehrer der heil. Jungfrau waren in Frankreich u. a. Soissons (Coincy. S. 147), Laon (S. 209), Arras (S. 261), Chartre (S. 295. MirND. S. 9), Clermont (S. 299), Roc-Amadour (Dép. du Lot. S. 310). etc.
2) Vergl. J. Grimm, a. a. O. I 368 ff.
3) Unter den vielen Festtagen, die im Mittelalter der heil. Jungfrau geweiht waren, findet sich in unsern Dichtungen das ihrer Himmelfahrt (15. August) mehrfach hervorgehoben;
Joies N-D. 847. Iceste sainte assumpcion
          Devum par grant devocion
          Tutes nos vies henorer.
Crois. VI 3. . . Al quart jor dedevant une feste sacree,
          Asumption l'apele la gent qui sunt letree,
          Cume sainte Marie fud as ciels translatee,
          U Dame deus lui fait quantque a lui agree.
daneben auch gelegentlich das Fest ihrer Verkündigung (25. März).
Ant. I 14/6. Vint en Jherusalem par Dieu anoncion.
Unter den andern christlichen Festtagen, über die ich eingehender in einer späteren Schrift handeln werde, treten natürlich Ostern, Pfingsten und Weihnachten besonders hervor,
HBord. 257. „III. jors eus l'an ens portoit le relief:
          „Au jour de Paskes, c'on doit cumeniier,
          „A Pentecouste, le haut jor enforcie,
          „Et au Nouel, que tant fait a proisier."
Aiol. 81. . . Qu'il ne pooit leuer a Noel ne as Pasques,
          Al jor de Pentecouste ne as festes plus hautes.
Og. 8465. . Par la corone qe j'atent a porter
          A Pentecouste, a Paskes, a Noel,
und unter diesen ist entschieden wieder Pfingsten das am häufigsten genannte. Es wird ein Freudenfest (une feste de jois Garin 62/4) genannt, an dem nach alt= germanischer Sitte (J. Grimm: Deutsche Rechtsaltertümer[3]. 1881. S. 245. J. Grimm: Myth. II. S. 715.) die Könige großen Hof zu halten pflegten:
Aiol. 3972. Che fu a Pentecouste el tans d'este,
          Que li rois tint sa court a grant barne.
Atr. per. 1. A une pentecouste tint
          Li rois Artus feste moult grant.
SSages 1197. A peutecouste tinrent feste.

ebenfalls, eine stets wachsende Machtfülle wird in ihre Hände gelegt, kurz, sie wird von dem Volke prinzipiell als Gott gleichstehend, in der That aber häufig als Trägerin der ganzen chriftlichen Gottesanschauung verehrt. Anstatt von einem Heiden zu sagen, er sei Christ geworden, heißt es oft, er glaube an Maria,

Aquin. 545. Moult fust prodom, s'il creüst en Marie,

und die Redensart „an Gott und Maria glauben" ist in unsern Dichtungen eine ganz allgemeine:

Pamp. 5133. . Ond se tu vieus Yesu e sa mere adorier
Tu pois garir tuen cors e ta arme saovier.
Sax. XLI 20. Dame Deu en aorent et la Virge pucele.
Aquin. 2255. . „Moult debvez Damme De mercïer,
Luy et sa mere servir et honorer.
Brun. 1552. . . Ou non de Jhesucrist et la vierge hautaine.
Pamp. 5863. . „Foy que je doi Yesu e la verzne loce.[1]

(Vergl. Cor. Viv. 89. Sax. CLVIII 1. Garin. 62/4. Ren. Mont. 1/5. 46/25. Aiol. 81. HBord. 29. Buev. 57. Oct. 49. Ch. II esp. 41. Lais. 33.) Auch Hochzeiten (Aiol. 8161), Krönungen (Aquin. 2426), den Ritterschlag (Berte. 2585. Durm. 886. Buev. 1881.) und andere Festlichkeiten pflegte man zu diesem Tage aufzusparen. Auch am Oftertage (Pasques Ot. 20. blanches Pasques Cor. L. 738. 986.) fanden feierliche Hoffeftlichkeiten statt (Aye. 181. Aiol. 1211. Raoul. 22/3. Ot. 20. DMay. 11483. Erec. 27.) und ebenso zu Weihnachten (Ren. Mont. 47/37. Charrette. 168/8. Chanc. Ph. 9. Erec. 6500—12. Guerre. R. 418/26. Lais. 85. Crois. 43/74.), wenn auch in den Epen dies seltener erwähnt wird. An diese drei hohen Festtage schließt sich als wichtigstes unter den übrigen das Fest der Himmelfahrt Christi (jeudi absolu Aquin. 1938. jeudi de rouvoison SSages. 410. A. u. A. 1207. Ren. Mont. 16/30. Charrette. 2/4. Gaufr. 4528. ChCygne. 2998. 1280. Part. 10129. Ch. II. esp. 11556.). Erwähnt werden ferner der Karfreitag (vendredy l'Adoure. Aquin. 2659. 1942. Greg. I 2348.) der Aller= heiligentag (1. Nov. Cor. L. 2007. SSages. 453. 512. 610. 1915.), der Tag der Kreuzeserhöhung am 14. Sept. (la feste Sainte-Crois Part. 527. Sax. CCXXXVII 1.) und Fastnacht (caresme. Raoul. 63/5.). Außerdem feierte man natürlich, wie noch heute in katholischen Ländern, die Festtage der Heiligen, besonders natürlich jedesmal in den Kirchen, deren Schutzherr der betreffende Heilige war. So thun die altfranz. Dichtungen Erwähnung der Feste des heil. Johannes (24. Juni. La feste Saint-Jehan, J. haut jor assolu Sax. LXXXII 1. GPal. 2646. Aiol. 10310. 10319. Gaufr. 3957.), des heil. Michael (29. Sept. Rol. 37. 152. Aye. 1777. Aiol. 9409. GRoss. 326/24. Charr. N. 549.), des heil. Martin von Tours (11. Nov. Garin. I 71/6. Girb. 497/3.), des heil. Dionyfius (9. Oft. Girb. 470/25. Garin. 42/3. Jourd. 4177.), des heil. Vincens (6. Juni. Alesch. 3799 ff. Destr. 303. Foulq. 165/9. Gaufr. 5119.), des heil. Petrus (Greg. II 1566.), Bafilius (Aye. 343.), Florentius (Gaufr. 6098.), Andreas (Greg. II 1566.) und des heil. Panta= leon (Lech. 1. 28. Juli.). So hatte ein jeder Heilige einen ihm geweihten Festtag (Cascuns sains doit avoir sa feste. Part. 7050.). Meiftens wählte man zu diesem Zwecke ihre Todestage und trug bei dieser Gelegenheit in den Kirchen die Geschichte ihrer Paffionen den Gläubigen vor; doch feierte man von einigen Heiligen auch die Tage ihrer Geburt:

Greg. II 1606. Mais veirement as autres festes,
Si com a la nativite
De seint Piere e de de seint Andre.

oder der Überführung ihrer Gebeine (vergl. Garin. I 177/5. Anm.).

[1] Sax. CXXXVII 9. Buev. 2818. Brun. 1425. 1618. SSages. 714. Mir. Sard. 261. Ant. II 101/3.

Wer an die göttliche Gewalt der heil. Jungfrau nicht glaubte, durfte keinen Anspruch auf den Christennamen erheben:

Coincy p. 4. Bien set chascuns, c'en est la voire,
Que la glorieuse de gloire,
Puet assez plus com ne puet dire.
Qui de ce me vorroit dedire
Ne seroit mie crestiens;
Mes Aubigois ou Arriens.

Schon die ungemein häufigen Epitheta legen Zeugniß ab von der hohen Verehrung, die man der Maria zu teil werden ließ; sie heißt in unsern Dichtungen sainte Marie (dame)[1]), sainte mere De[2]), mere Dieu (beneoite)[3]), mere de misericorde[4]), douce piteuse dame[5]), douce dame debonneire[6]), vierge henouree[7]), virge pucelle[8]), virge pure[9]), vierge absolue[10]), royale vierge[11]), haute dame glorieuse[12]), royne des archanges[13]), sainte roine[14]), pucele roine[15]), vierge roine[16]), roine couronnee[17]), roine de biaute[18]), haute virge real[19]), royne des chiex[20]), royne esperitable[21]), tres douce vierge Marie[22]), douce dame[23]), pucelle genetris[24]), Deu genetriz[25]), einmal wird

---

1) Sainte Marie (dame) Rol. 2634. 1303. Sax. CCLXXXVII 14. Ren. Mont. 18/4. Raoul. 261/13. MGuill. 711. Mir. Sard. 69. DMay. 900. Aiol. 1922.

2) Sainte mere De. Rou. I 821.

3) Mere Dieu (beneoite). Berte. 778. Coincy. S. 4. 5. 13.

4) Mere de misericorde. MsBourg. S. 17. Chanc. Ph. 137. Joies N-D. 911.

5) Douce piteuse dame. Coincy. 52.

6) Douce dame debonneire. Mir. N-D. 20.

7) Vierge henouree. DMay. 8870. Og. 3837. Berte. 460. 1141. 2815. ChCygne. 3175. 3362. Buev. 885. 2977. Brun. 2554. Rich. 1409. Coincy. 23. Flour. 104,5.

8) Virge pucelle. Main. 330/87. Mac. 3187. Sax. XLI 20. CCLVII 26. Raoul. 136/22. Dol. 12055. Flour. 91,4.

9) Virge pure. Mah. 866. Og. 10352. Flour. 114, 6. Coincy. 16. 52.

10) Vierge absolue. Gaufr. 6837. Aye. 602. Cap. 2698. Pamp. 1796. EEsp. 14/113. Flour. 110, 2. 114, 4.

11) Royale vierge. Ball. R. 619/33.

12) Haute dame glorieuse. Mir. N-D. 32.

13) Royne des archanges. Coincy. S. 5. v. 107.

14) Sainte royne. Ren. Mont. 347/6.

15) Pucele roïne. HBord. 1512.

16) Vierge roïne. ChCygne. 1. Brun. 841.

17) Roïne couronnee. Alesch. 2079. 4244. 6838. Ren. Mont. 429/28. Gayd. 9211. Ball. R. 618/1. Buev. 2114. DMay. 3657. Chanc. Ph. 140.

18) Roine de biaute. Joies N-D. 313/10.

19) Haute virge real. Mir. N-D. 23.

20) Royne des chiex. DMay. 473. MStMich. 2597. Brun. 1523. Greg. I 816. Coincy. 15. 16. 56.

21) Royne esperitable. Coincy. 26.

22) Tres douce vierge Marie. Berte. 760. 1432. Greg. I 179. 2313. Theoph. 94 a.

23) Douce dame. Oct. 266. 867. Chanc. Ph. 154. Coincy. 14. 20. 51.

24) Pucelle genetris. HBord. 788. Gayd. 1383. Gorm. 651.

25) Deu genetriz. GRoss. 333/16. 343/33.

fie fogar sainte Marie paterne (Og. 11896) genannt. Auch die Etymologie des Namens Maria vom hebr. Miriam (b. h. stella maris) scheint bekannt gewesen zu sein, da sie estoile de mer (Coincy S. 151 v. 97) und estoile marine (MirN-D. S. 20) genannt wird. Ihr Platz im Himmel ist zur Rechten Gottes,

> Coincy. S. 5. (Por) la puissante dame celestre,
>> Qui jour et nuit siet a sa destre.
> S. 15. En ciel a sa destre t'a diex coronnee.
> S. 52. Dame qui siez desus les anges
>> A la destre le roy de gloire,

wo sie von ihren Jungfrauen umgeben thront:

> Coincy. 457/93. La Mere Dieu lors s'est levee,
>> Devant son filz s'en est alee
>> Et ses virges toutes apres.

Mehrfach finden sich Erzählungen, in denen Christus als der rächende Gott zur Erde steigt, um einen Sünder wegen seiner Missethaten zu bestrafen; allein alsdann bittet Maria so lange, bis Christus den strafenden Arm zurückzieht und dem Sünder verzeiht.[1]) So erscheint Christus einst einem Priester der Marienkirche in Antiochia im Traume, mit ihm sind Maria, Paulus und Petrus, und eröffnet ihm, die Christen würden ihres sündhaften Lebenswandels wegen die Stadt nicht erobern, ihre Leiden würden vielmehr noch vermehrt werden, da fällt Maria ihm zu Füßen und bittet und fleht, bis Christi Groll verschwindet und er seinem Volke Erhörung verspricht:

> Ant. II 161/6. Quant nostre Dame l'ot, si en ot grant pite.
>> Entre lui et saint Pierre lui sont au pie ale,
>> Et saint Pol ensement que Diex a moult ame.
>> La mere Dame Dieu aus pies son fil caï,
>> Dolement reclama celui qu'ele nori,
>> Que il ait de son pople et manaide et merci.

Ein analoger Fall findet sich in der

> Crois. III 79. Mais la gentilz pucele et li vielz home barbez
>> Li chaïrent as piez od grant humilitez.
>> Et li ont dit: Biau sire, ne soiez curreciez,
>> Ne destruiez les bons por les maleürez.
>> Sire, s'il ont forfait, si le lur pardonez
>> Car mult vos ont servi en estrange regnez.

Im Roman du M-St-Michel tritt der heil. Michael an Christi Stelle; er kommt vom Himmel herab, um einen Gottlosen zu bestrafen, der es gewagt hat, von einem Verstecke aus in der Nacht das Treiben der Engel zu belauschen. Auch hier ist Maria die Fürbitterin für den Sünder und will selbst Bürge seiner Besserung sein:

> MStMich. 2617. Li dui qui o seint Michiel sunt
>> C'est la Mere Jesu-Crist

---

1) Man vergleiche hierzu den in den Mystères oft vorkommenden Streit zwischen der Justice und Miséricorde, die nach dem Sündenfall vor Gott sprechen, die eine gegen, die andere für Adam.

E seint Pierres, si cum cil dist;
A seint Michiel preient que ait
Merci de cel homme forfait.
Fait aveit grant presumpcion;
Meis or li preient que pardom
Por lor amor de cest li face.
2630. Il li dient: „Se voz voleiz,
Se veaus non trueves li donneiz
Tant que as angles ait dreit fait
A qui il a grament forfait.
Seinte Marie pleige en fu,
Cen ai puis reconneu.

So weit war also die Verehrung der Mutter Gottes gestiegen, daß eben
der, der aus Liebe sein Blut vergossen hatte für alle Menschen, in dem
Glauben dieser Zeit sich oft als ein streng Zürnender darstellt, bei dem
keine Gnade und Vergebung zu finden ist, wenn nicht Maria ihre Fürbitte für den Sünder einlegt. Also nicht Christus unmittelbar, sondern
Maria ist das versöhnende Prinzip im Christentum des Mittelalters.
Man konnte sich Christus als Mann, als den Herrn der Welt, trotz
seines Erlösungswerkes, noch immer nicht ganz ohne männliche Eigenschaften denken und so war er zu Zeiten hart, zornig, unversöhnlich und
rachsüchtig. Um so weniger war es zu verwundern, wenn jeder den geringen
Teil von Milde und Sanftmut, den er in seinem Gemüte trug, einer
Frau und zwar der besten, der Mutter Gottes, verdanken zu müssen
glaubte.[1]) So wurden die Tugenden der Milde, Sanftmut, Gnade,
Liebe und Versöhnung weniger auf Christus, als vielmehr auf Maria
übertragen und diese übernahm ebenso oft im Himmel das Amt der
Fürbitte und Versöhnung, wie die Frauen auf Erden. Die Gebete zur
heil. Jungfrau um Fürbitte bei ihrem Sohne finden sich daher ungemein häufig:

Og. 6391. . . Sainte Marie, proies vo fil Jesu.
         Hui mete m'ame en son palais lasus.
Gayd. 1384. „Proie ton fil, roïne genitrix.“
Girb. 541/3. „Sainte Marie, car proies votre fil,
         „Quel me pardont et me dangne respit.“

---

   1) Ein reizendes Bild von der Innigkeit, mit der zu jener Zeit gewiß viele
sich dem Dienste der heil. Jungfrau hingaben, giebt uns die obengenannte kleine Erzählung von „Unserer lieben Frauen Springer“ (Tumbeor N-D. Romania II S. 315.)
und das Gebet des Theophilus in den Miracles des Gautier von Coincy. In dem
letzteren findet sich eine Stelle, die, sowohl was die Innigkeit der Empfindung, als
auch den äußern Wortlaut anbetrifft, an das herrliche Gebet Gretchens im Faust
erinnert; (vergl. die Worte: Was mein armes Herz hier banget, Was es zittert,
was verlanget, Weißt nur Du, nur Du allein!)
Coincy. 56/1201. Douce Dame tres glorieuse.
    1205. Je te requier en grant angoisse.
        N'est nus qui ma douleur conoisse.
        N'est nus qui sache ma tristece,
        N'est nus qui sache ma destrece,
        Mon destourbier ne mon afaire,
        Fors tu, pucele debonnaire, etc.

Gorm. 651. . „Sainte Marie genitrix,
„mere Deu dame, Isembarz dist.
„depreiez en vostre beau fiz
„qu'il ait merci de cest chaitif.“

Tumb. 103. . „Sainte Marie“ fait il „mere!
„Car proies vo soverain pere.“

MirN-D. 4. . La dame de misericorde
Qui pecheurs a dieu acorde.

Maria findet bei Chriſtus immer Erhörung, ſelbſt wenn die Fürbitte
des heil. Petrus und der geſamten Heiligen und Engel bei ihm bereits
vergebens war. (vergl. Coincy S. 457 v. 101 ff.); an einigen Stellen
findet ſich ſogar die Anſicht ausgeſprochen, Maria könne ihrem Sohne
befehlen und er gehorche:

Theoph. 24 c. Li saint, en De priant, me pueent avancier
Mais vous poes Diu, dame, commander et proyer.

MirN-D. 32. Li rois des rois, li tous poissans
Fu a sa mere obeissans.

Auch der bei den theologiſchen Schriftſtellern jener Zeit ſo beliebte Ver-
gleich zwiſchen Eva, durch die die Sünde auf die Welt kam und Maria,
die uns davon befreite, findet ſich einmal:

Coincy. 20. Eve a morz toz nous livra
Par son forfait;
Marie nos delivra
Par sons tot refait.

Daß die heil. Jungfrau ohne fleiſchlichen Umgang geboren und ihre
Virginität ſowohl vor, wie nach der Geburt Chriſti bewahrt hatte, galt
als ein unanfechtbares Dogma, als ein integrierender Beſtandteil des
chriſtlichen Glaubens:

Sax. CCLXV, 48. (Et por) icele dame qi maintint chasteez.

MsBourg. XI, 6. Douce mere, virge benigne
Qui de porter Deu futez digne,
Sans corrumpre virginite.

Dol. 12063. . . . . Et la meire ki Deu portait,
Virge conseut et enfantait;
Virge fu au comancemant
Et virge apres l'enfantemant.
Ansi com par mi la verriere,
Ke fors est, et sainne, et antiere.
La clartez del soloil trespasse
Et se ne l'ampire ne qasse,
Ensi Dex en li dessandit,
Ne il ne elle n'i perdit.

Joies N-D. 293. . James n'avra redempcion
Ki la sainte incarnacion
Ne creit de quer parfitement.

Ant. I 58/8. . . . „Engenra Jhesu Crist, sans carnel compagnie.

Crois. I 56/199. . E la vierge Marie k'en son cors l'a porte,
Si n'out al conceyver ne meis un mot: „ave!“

Einem Manne, der es wagt, die Birginität der heil. Jungfrau an zuzweifeln, wird durch ein Wunder an ihrem Bilde die Wahrheit dieses Dogmas auf die schlagendste Weise bewiesen:

Coincy 507/59. Voit naistre et sourdre .II. mameles
Si glorieuses et si beles,
Si petites et si bien faites,
Com si lors droit les eust traites
Fors de son sain une pucele
Ainsi com d'une fontenele
Clere œille en voit sourdre et venir.

Bei allen diesen geistigen Vorzügen, die man der Maria gab, war es nicht zu verwundern, wenn man ihr auch den Preis der körperlichen Schönheit unter allen Frauen zuerkannte:

DMay. 7385 . . „Et sa fille au cler vis, dont je puis greanter
„Que si bele n'en a decha ne dela mer
„Se n'est la mere Dieu, qui tout doit trespasser.‟
Dol. 12055. . . La sainte Virge pucele.
Qui sor toutes dames fut belle.
Tumb. 408. . . Et vit de la volte descendre
Une dame si glorieuse,
N'onques tant bele ne fu nee.
Crois. III, 28. Et ot en sa compaignie un viel home barbe
Et une bele dame qui sembloit flur d'este.
Joies N-D. 842. Qui plus que la lune esteit bele
Et plus que solail delitable.
Coincy S. 66. Dame sus toutes biautez bele.

Der Glaube an die heil. Jungfrau galt als der beste Schutz gegen alle Krankheiten, gegen Teufel und sonstige Körper- und Seelenleiden; so kann kein Teufel ertragen, daß in seiner Gegenwart ihr Name ausgesprochen wird:

Part. 1157. . . . Qu'il ot nomer sainte Marie:
C'or set que maufes n'est ce mie.
Greg. I 785. . . . Par ceci est il bien voiable
Que pestilence ne deable,
Ne teniebres ne oscurte,
Ne meschief ne maleürte,
Ne nul peril de cors ne d'ame
Ne peut avoir homme ne fame
Qui la mere Dieu de cuer aime
Et a son besoing la reclaime.
Qui l'ayme et l'apele, elle est preste,
Et nul deable ne s'arreste,
Ne tempeste, ne pestillence,
La ou elle est, en sa presence.
ChN-D. R. 315/20. Mandons la dame salus
Qui nous puet armes liurer
Pour l'anemi afoler
Si kil est vencus.
MirN-D. 1. . . . . . Dame et roine coronee
Qui donne aus infers medicines.

3

Sie ist auch Herrin der Hölle, so gut wie des Himmels und entreißt
dem Teufel oft noch im letzten Augenblicke die Seele eines Sünders
(vergl. Kap. VI):

Coincy 114. . Et s'ecria a haute voix:
  Douce Dame, Sainte Marie,
  Je muiz, je muiz, aie! aie!
  Lorsqu'il (deable) oi le non piteus,
  Tost me guerpi, si s'en tourna.
Coincy 179. . Maus tant soit gries, ne feu d'enferne
  Ne puet durer por rien qui vingne
  En lieu n'en place ou elle vingne.[1]

Als Theophilus zum Teufel geführt wird, bittet ihn sein Führer, auf
keinen Fall den Namen der Maria auszusprechen:

Coincy 36. Ne por riens nule qui t'apere
  Ne reclame dieu ne sa mere.

Die äußere Form, unter der diese Marienverehrung stattfand, war die
des Bilderdienstes.[2] Weniger in den alten Epen, als vielmehr in den
religiösen Dichtungen der Franzosen, begegnen wir dieser Bilderverehrung,
bei letzteren aber bereits in sehr ausgedehntem Maße. Auf jedem der
Maria geweihten Altare, und es scheinen ihrer nicht wenige gewesen zu
sein, befand sich ein solches Bild,

DMay. 10502. „U fosse jeteron chele Mahommerie,
  „Un ymage i metron u nom sainte Marie."
Ch. II esp. 468. . . . . s'alai avant
  Dusc'a l'autel sans targier plus,
  Si vi une image desus
  De ma dame sainte Marie.
Tumb. 116. . . Desor l'autel estoit la forme
  De ma dame sainte Marie.
Coincy 121. . . La mere Dieu ne voulait mie
  Sa bele ymage fust perie,

deren einige sogar von Engeln verfertigt sein sollten:

Alexis 18 a. . D'iloc alat en Alsis la citet,
  Por une imagene dont il odit parler,
  Qued angele firent par comandement Deu,
  El nom la virgene qui portat salvetet,
  Sainte Marie qui portat Damne Deu.

Zu diesen Bildern betete man, fiel vor ihnen auf die Kniee und erwies
ihnen göttliche Verehrung:

---

1) Coincy 450. 294.
2) Auch Bilder Christi werden zuweilen erwähnt, doch werden dies Darstellungen
des Christuskindes auf den Marienbildern gewesen sein
DMay. 9087. „Mez, par le Sauveor, c'on pourtret en painture."
Sehr oft wird auch nur ganz allgemein von Bildern geredet, die man verehrt habe:
Ren. Mont. 222/34. Tant a quis et cercie k'il trova roi Yon,
  Pardevant une image, gisant a orison;
  En un sautier murmure, ne savoit o ne non.
Destr. 1301. . . . Sarrazin ont l'eglise et autiers violes,
  Bruscos les images, crocifis avales.

Tumb. 166. Puis se remet sor ses genols
Devers l'ymage et si l'encline.

Durch ihre Bilder wirkt Maria Wunder auf Erden; wo ein solches Marienbild hingetragen wird, da legt sich der Sturm, verheerende Seuchen verlassen das Land, die Teufel fliehen vor ihm, durch seine Berührung werden Kranke geheilt, Gottlose dagegen mit Krankheit geschlagen:

Sard. 179. . . Vers le siel l'ymage leva:
Onc puis orage nes greva.

„ 293. . . Tuit sil qui par devocion
E par voire confession
De querre sante se peneient
E a [i]sel saint leu veneient,
Quel enfermete qu'il eüent,
Ains que d'iluec se remeüent,
Avoient sante recovree.

„ 325. . . Mais quant a l'ymage aprocha
E o ses mains l'eule tocha,
Si senti cranpes ses [deus] mains,
Et tot le cors li devint vains:
L'ymage laisser li estut.

Greg. I 752. L'ymage a la vierge Marie,
„ 755. Fist porter pour l'enemy veintre.
„ 760. Fist tant devant porter l'image
Que toute celle pestillence,
„ 764. Et de l'air toute l'oscurte,
Donnoit lieu a l'image voir
Aussi con se par tres grant crainte
Fuïst devant l'ymage sainte,
Et sembloit que la pestilence
N'osast remaindre en la presence
Du saint ymage nostre dame.

Daher legte man auch vor ihren Bildern die Geschenke nieder, die man ihr weihen wollte, sei es in Anlaß der Erfüllung irgend eines Wunsches, sei es um dem Gebete um ihre Hülfe einen desto größeren Nachdruck zu geben. Meistens bestanden diese Geschenke in Kerzen, die man vor ihrem Bilde anzündete, wie dies noch heute in katholischen Ländern ge= bräuchlich ist:

MirND. 10. . Car elle offri une chandelle
Deuant lymage a la pucelle
En qui le fiz dieu descendi.

MirND. 14. . Por lui firent meinte oraison
Cil de la ville en leur iglise
Et meinte chandelle i ont mise
Por lui a lautel nostre dame.

Doch lieferte man auch Feldfrüchte und andere Gegenstände zu diesem Zwecke an die Geistlichen der betreffenden Kirche ein,[1)]

_____

1) Das Darbringen von Geschenken auf den Altären der heil. Jungfrau und der Heiligen war eine allgemein verbreitete Sitte und die altfranz. Dichtungen aller Arten und aller Zeiten liefern uns den besten Beweis dafür. Von berühmten Rittern

MirN-D. 40.   Grans dons a l'iglise aportoient,
              Qui a levure mestier auoient;
              Froment aportoient li un
              Li autre aueine, orge, et li un
              Fer et plon estret de minieres
              Et metal de toutes manieres,
              Li autre vins blans et vermaus:
              Dautre part reuenoient gent
              Qui offroient ioieaus dargent etc.,

eine Sitte, die den Marien= und Heiligenkultus ungemein einträglich für
die Kirche machte.

---

wird bei jeder Gelegenheit berichtet, daß ihre Gabe auf den Altären eine ungewöhnlich
großartige gewesen sei:

Aquin 32. . . A saint Michel ala fere son oraison,
              Et y fist moult riche et grande oblacion.
    „   2327.   Grande fut l'oferande qu'il y fist presenter.
Sax. XIII 9. . Se l'offrande fu riche ne fait a demander.
Ant. II 291/9. Moult fu riche l'offrande, qu'on i dona le jor;
MStMich. 981. Cel jor est molt l'offrende grande
              Si cum tens et leu le commande.

Sehr häufig bestand diese Opfergabe in Geld,

Sax. CLXXV 18. L'ampereres de Rome a la messe escoutee,
                De .III. mars de fin or l'offerande a portee.
Aiol 8225. . . . . Qu'il uait a sainte Crois dieu proier et ourer.
                Il prent .IIII. mars d'or, ses a mis sor l'autel;

man gab auch häufig goldene und silberne Gefäße, kostbare Stoffe und Waffen als Geschenk:

Ot. 268. . . . La messe chante l'abe de Saint Omer.
                .I. hanap d'or fit Karles aporter
                De parisez le fist trestot combler;
                S'offrande fet, et puis li .XII. per.
MGuill. 114. . A l'autel vint, ses armes presenta.
Joufr. 374. . . . Sor l'autier pouse dous henas,
                Qui furent andui d'argent fin,
                Si n'i ot pas aigue ne vin,
                Mais besanz d'or et bones pieres,
                Rubis et esmeraudes chieres
                Et autres, qui saphirs ont non.
A. u. A. 1643. Vient au monstier, s'a faite s'orison;
                Un anel d'or i a offert le jor.

(Og. 9081—3; Karls R. 59. 110; Rol. 3860; MStMich. 3558; Rou I 3087;
Lais 7—11; Par. S. 13.)
Die merkwürdigste Art war aber entschieden die, etwas zu schenken, was man nicht
entbehren konnte, z. B. das Schwert, und dies Geschenk dann sofort durch eine gewisse
Summe Geldes wieder einzulösen:

Ot. 272. . Rollans ofri Durendal, son bran cler,
              Pour la rençon i fist .X. mars donner.

Dieselbe Art des Gebens ist in katholischen Ländern noch heute Sitte. Wie mir von
einem Augenzeugen berichtet wird, legte z. B. Alphons XII., der jetzige König von
Spanien, nach seinem Einzuge in Valencia seinen kostbaren Feldherrnstab zu Füßen
eines Marienbildes nieder, indem er der heil. Jungfrau dabei gelobte, denselben durch
eine reichliche Geldspende wieder einzulösen, sobald er die Krone Spaniens empfangen
haben würde.

Fortsetzung (Kap. III — XII) siehe in der Separat-Ausgabe.

Vita auctoris.

Natus sum **Richardus Schröder** quinto die mensis Junii anni MDCCCLXI. Hamburgensis patre Henrico, matre Albertina, e gente Tiemann, quibus adhuc viventibus valde gaudeo. Fidei addictus sum evangelicae. Litterarum elementis in gymnasio Johanneo Hamburgensi imbutus transii ad gymnasium Pfalzburgense. Unde me contuli Hannoveram, ubi scholae realis quae dicitur per sex annos discipulus fui. Maturitatis testimonio instructus vere anni MDCCCLXXXII. migravi ad academiam Georgiam Augustam Gottingensem recentiorum linguarum studio operam navaturus. Primo autem vere anni MDCCCLXXXIII. Nicaeam profectus sum, ut linguae Italicae et Gallicae scientiam quam maxime confirmarem. Autumno eiusdem anni redii Gottingam. Sex igitur semestrium spatio hos disserentes audivi viros illustrissimos: Vollmoeller, Napier, Andresen, W. Mueller, G. E. Mueller, Baumann, Heyne, Goedeke, Schmarsow, Peipers, quibus, imprimis vero Vollmoellero et Napiero quantum debeam, grato animo teneo nec unquam tenere desinam.